行政事业单位财务管理与会计核算

张世祯 著

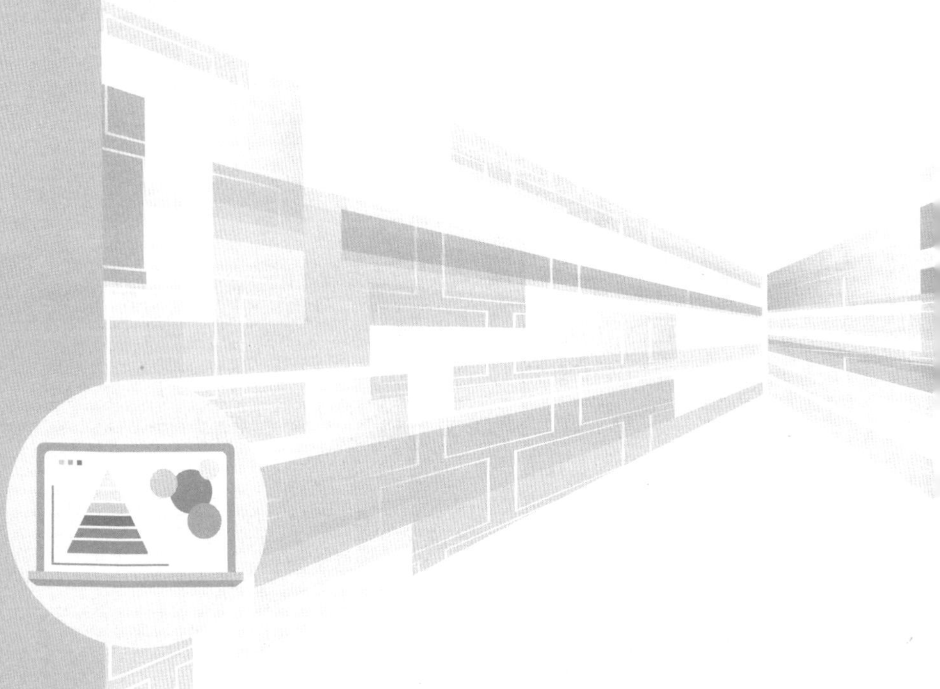

哈尔滨出版社
HARBIN PUBLISHING HOUSE

图书在版编目（CIP）数据

行政事业单位财务管理与会计核算 / 张世祯著.
哈尔滨 ：哈尔滨出版社，2025. 5. -- ISBN 978-7-5484-8576-6

Ⅰ. F812. 2

中国国家版本馆 CIP 数据核字第 2025225UH6 号

书　　名：行政事业单位财务管理与会计核算
XINGZHENG SHIYE DANWEI CAIWU GUANLI YU KUAIJI HESUAN

作　　者：张世祯　著
责任编辑：魏英璐

出版发行：哈尔滨出版社(Harbin Publishing House)
社　　址：哈尔滨市香坊区泰山路 82-9 号　邮编：150090
经　　销：全国新华书店
印　　刷：北京鑫益晖印刷有限公司
网　　址：www. hrbcbs. com
E - mail：hrbcbs@ yeah. net
编辑版权热线：(0451)87900271　87900272
销售热线：(0451)87900202　87900203

开　　本：880mm×1230mm　1/32　印张：5. 25　字数：117 千字
版　　次：2025 年 5 月第 1 版
印　　次：2025 年 5 月第 1 次印刷
书　　号：ISBN 978-7-5484-8576-6
定　　价：48. 00 元

前　　言

随着社会经济的持续发展与公共财政体制改革的不断深化,行政事业单位所承担的公共管理职能日益复杂,面临的资金来源与使用场景也越发多元化,这对财务管理与会计核算提出了更高要求。科学规范的财务管理能够确保单位资金的安全性与流动性,通过合理的预算编制、严格的资金审批与监控机制,有效防范财务风险,保障单位各项业务的顺利开展。而精准高效的会计核算则是财务管理的重要支撑,通过对单位经济活动的全面记录、分类与汇总,为管理层提供真实、完整的财务信息,助力决策制定与绩效评估。在新的发展阶段,行政事业单位需进一步强化财务管理与会计核算的协同作用,通过优化制度设计、提升人员素质、引入信息化手段等措施,不断夯实财务管理基础,提高会计核算质量,从而为单位的战略规划与日常运营提供强有力支持。

本书共七章,第一章阐述行政事业单位财务管理的目标、原则、职能及会计基础工作规范;第二章介绍收入管理,涵盖收入分类、确认原则、核算流程、风险防范及预算绩效管理;第三章聚焦支出管理,涉及支出分类、审批流程、核算、成本控制及效益分析与优化策略;第四章讲述资产管理,包括固定资产、流动资产、净资产、无形资产与对外投资管理及资产全生命周期管理;第五章探讨负债管理,涵盖负债分类、确认原则、核算、风险控制及偿还计划与策略;第六章对重点会计科目核算中的人员经费类科目核算及期末处理与报表编制等项目进行说明;第七章论述财务管理信息化建设,包括信息系统概述、应用实践及数据安全与风险管理。

目　　录

第一章　行政事业单位财务管理概述

第一节　行政事业单位财务管理的目标与原则

一、行政事业单位财务管理的目标

行政事业单位是以实现社会公益而不是以追求利润最大化为宗旨的非营利性组织,其财务管理目标应服从组织宗旨。行政事业单位财务管理的目标具体体现为以下三个层次:

(一)保障公共资源的安全完整

作为行政事业单位财务管理的初级目标,保障公共资源的安全完整意义重大且贯穿日常工作的方方面面。在预算编制环节,须秉持严谨、科学的态度,对单位各项工作所需资源进行细致梳理与精准预估。全面考量业务开展的规模、频次以及特殊需求,确保预算能充分覆盖且合理分配资金,避免出现资金短缺影响工作推进,或资金闲置造成浪费的情况。

在资金使用过程中,务必做到节约、高效。每一笔支出都要经过严格审核,杜绝铺张浪费与不合理开支。通过建立健全内部控制制度,从制度层面为公共资源保驾护航。在资产管理方面,对固定资产进行定期清查盘点,准确掌握资产的数量、状态、使用情况等信息,及时发现并处理资产损坏、丢失等问题。对流动资产的管理,则注重资金的流动性与安全性平衡,优化资金结构,保障资金的高效周转。严格执行预算,将预算作为资金使用的刚性约束,对预算执行过程进行全程监控,确保每一项资金都按计划精准投放,防止预算外支出与资金挪用现象,切实维护公共资源的安全与完整,为单位各项工作的稳定开展奠定坚实基础。

(二)提高资源使用效率和价值

提高资源使用效率作为财务管理的终极目标,在行政事业单位管理体系中占据关键地位。绩效管理是达成这一目标的重要手段之一,它通过设定明确、可衡量的绩效指标,将资源投入与工作成果紧密关联。对每一项业务活动的开展效果进行量化评估,依据评估结果调整资源分配策略,使资源向绩效高、效益好的项目倾斜。

成本控制同样不可或缺。深入分析各项业务活动的成本构成,挖掘成本降低的潜力点。从采购环节入手,通过集中采购、招标采购等方式,降低采购成本;优化工作流程,减少不必要的环节与步骤,降低人力、物力消耗。资产管理在提高资源使用效率中也发挥着重要作用,它可以合理配置资产,避免资产闲置与重复购置。对闲置资产进行合理调配或处置,使其重新投入到有需求的工作中,提升资产的使用频率与效益。注重资源投入与产出的分析,引入成本效益分析方法,对每一项决策进行全面评估，确保资源投入能带来最大的产出价值。通过这些手段，助力公共部门科学决策，让有限的资源发挥出最大效能，实现资源使用效率与价值的双重提升。

（三）实现效率与公平的统一

在组织财务资源方面，单位需运用科学的财务管理方法，全面整合各类资金与资产，根据工作的轻重缓急、社会需求的紧迫程度等因素，合理安排资源投向。确保重点领域、关键项目能够获得充足资源支持，高效推进工作开展，提升公共服务的供给速度与质量。在分配财务资源时，应充分考虑公平原则，关注不同地区、不同群体的实际需求差异。尤其是在涉及民生保障、公共服务均等化等领域，加大资源投入力度，缩小地区间、群体间的服务差距。通过合理分配资源，让社会公众都能享受到优质、均衡的公共产品与服务。例如，在教育资源分配上，向教育薄弱地区倾斜资金与师资力量，改善教学条件，促进教育公平；在医疗卫生领域，优化医疗资源布局，提高基层医疗服务水平，使偏远地区居民也能便捷获得高质量医疗服务。在追求效率的同时兼顾公平，通过财务管理活动协调各方利益关系，推动社会和谐发展，真正实现效率与公平的有机统一，切实履行行政事业单位的社会责任，提升社会公众的满意度与获得感。

（四）加强财务分析与财务监督，保证公共组织各项活动的合理性

建立契合本单位特点的财务分析体系，是行政事业单位财

务管理的重要任务。该体系需涵盖财务活动的各个层面,包括预算执行情况、资金收支状况、资产负债结构等,并运用比率分析、趋势分析、结构分析等多种方法,对财务数据进行深入挖掘与剖析。通过比率分析,直观了解单位的偿债能力、运营能力与盈利能力;趋势分析可洞察财务指标的变化走向,预测未来发展趋势;结构分析则能清晰掌握各项财务要素在总体中的占比情况,发现潜在问题。

对财务活动的各个方面进行全面分析后,应针对性地提出改进意见与措施。若发现预算执行进度滞后,需深入分析原因,是预算编制不合理,还是执行过程中遇到阻碍,从而调整预算方案或优化执行流程。财政部门、上级主管部门以及单位领导要充分发挥监督职能,运用多种监督手段,对财务活动进行全方位监督。检查各项财务活动是否符合单位的规章制度与业务目标,确保活动的合理性;审查财会数据的准确性与完整性,防止数据造假与信息失真。通过有效的财务分析与财务监督,及时发现问题、解决问题,保障公共组织各项活动在合理、合规的轨道上运行,为单位持续健康发展提供有力保障。

二、行政事业单位财务管理的原则

行政事业单位财务管理的原则与企业财务管理的原则不同,这主要是由行政事业单位的性质决定的。企业是自筹资金并进行经营活动的,而行政事业单位多是靠国家拨款(补助);企业经营的目的是获得利润,而行政事业单位开展业务活动的目的并不在于获利,而是为了完成行政任务和事业计划。行政事业单位财务管理的基本原则如下:

(一)现金收支平衡原则

收付实现制作为记账基础,对现金流量的准确把控至关重要。在日常财务管理实践中,单位需时刻关注现金收入与支出的动态变化,确保二者在数量及时间维度上实现精准匹配。从收入端来看,行政事业单位的现金流入来源多样,涵盖财政拨款、事业性收费、专项补贴等。在财政拨款方面,单位需提前规划业务开展计划,依据工作任务量与进度,合理预估所需资金,及时向财政部门申报,确保拨款按时足额到账。对于事业性收费,要严格按照规定标准执行,规范收费流程,避免漏收、错收,保障收入稳定。从支出角度而言,各项费用支出要严格遵循预算安排,按照业务开展的先后顺序与紧急程度有序支付。在采购办公用品、支付水电费等日常支出中,要精准计算支出金额,合理安排支付时间,防止资金过度积压或短缺。在项目建设等大额支出项目上,更是要做好资金使用规划,根据项目进度分期支付款项,避免因资金一次性大量流出导致财务失衡。通过精细化管理,使每一笔现金流入都能精准对接相应的支出需求,实现现金收支在数量上的均衡。同时,巧妙安排收支时间节点,让资金在最恰当的时刻发挥最大效用,达成时间维度上的动态平衡,维持单位财务活动的稳定有序运行。

(二)突出重点原则

在行政事业单位财务管理范畴,突出重点原则为管理工作指明了清晰方向。管理主体在复杂的财务管理体系中,需如同经验丰富的航海者,依据重要程度与紧迫程度对各项事务进行精准定位与合理排序。

全面且系统地审视财务管理流程，是挖掘潜在问题的关键。这要求管理主体深入剖析内部管理架构、人员职责分工、业务操作流程等内部环境因素，同时密切关注外部经济形势变化、行业政策调整、社会需求波动等外部环境因素。在内部，仔细排查财务审批流程是否烦琐低效、预算编制是否科学合理、资产管理是否存在漏洞等问题。在外部，当面临经济下行压力、财政拨款可能减少时，如何拓展收入渠道、降低运营成本便成为亟待解决的关键问题。通过综合考量内外部因素，精准识别出哪些工作刻不容缓，哪些工作可适当延缓。对于关乎单位核心业务运转、影响公共服务质量的关键事项，如重大民生项目的资金保障，需集中优势资源全力推进，投入大量精力确保顺利实施。而对于一些常规性、对整体财务状况影响较小的事务，可适当简化管理流程，合理分配资源，从而高效解决财务管理中的核心问题，推动财务管理工作迈向新高度。

（三）前瞻性原则

财务管理要以单位的发展战略为基础，根据发展战略制定、实施、评价和优化的实际情况，合理制订计划，紧扣发展走向，卓有成效地开展相关活动。从目标层面看，财务管理的主要任务是为单位持续、健康发展提供有价值的财务信息，这些信息大致分为判断导向和发展导向两种类型，判断导向的评价强调的是过去的绩效，为判断应该纠正哪些方面和如何有效地衡量已实施的财务管理提供基础。发展导向的评价更多关注的是改进未来的绩效，确保绩效预期清晰明确。通过相关评价的基本方法,一方面修正和调整财务管理的基本内容;另一方面改进现有的管理方式和方略,进而提高管理绩效和水平。

(四)适应性、可操作性原则

制定财务制度绝非简单的照搬照抄,而是要如同量体裁衣般契合单位自身实际情况。单位的组织架构、业务性质、人员素质等因素千差万别,这就决定了财务制度必须具备独特性。例如,科研类行政事业单位,其业务涉及大量科研项目经费管理,制度就需着重对项目经费的预算编制、使用范围、验收结算等环节进行详细且针对性强的规定。在与单位其他管理制度衔接方面,财务制度要与人事管理制度、资产管理制度等协同配合。如在人员薪酬发放环节,财务制度需依据人事管理制度确定的薪酬标准与考核结果进行核算支付,实现无缝对接。在条文表述上,摒弃晦涩难懂的专业术语,采用通俗易懂的语言,确保单位全体人员都能准确理解。操作流程设计紧密贴合日常会计核算实务,以费用报销流程为例,明确规定报销所需凭证种类、粘贴要求、审批层级与时限等。按照单位实际业务流程,对财务事项的内容、程序、权限进行清晰界定。从原始凭证的取得、审核,到记账凭证的编制、账簿登记,再到财务报表的生成,每个环节都制定详细、可操作的规范,让单位会计流程中的每一步都有章可循,有效提升财务管理工作的效率与质量,保障财务制度能够切实落地执行。

(五)监督性原则

监督性原则贯穿行政事业单位财务管理全过程,为经济业务活动筑牢坚实防线。对于每一项重要经济业务，事前监督就如同在项目启动前进行全面体检。详细审查业务计划的合理性、可行性，评估所需资金规模是否恰当、资金来源是否可靠。例如，在大型设备采购项目前，对采购需求进行充分论证，防止盲目采购造成资源浪费。

在业务开展过程中，实时监控资金流向、使用进度与合规性。以工程项目建设为例，定期检查工程款项支付是否符合合同约定、工程进度是否与资金投入匹配，及时发现并纠正违规操作与潜在风险。事后监督犹如到达目的地后的全面复盘。对业务完成后的财务结果进行深入审查，包括成本核算是否准确、效益评估是否客观等。通过对会计账目列示方式的严格规范，确保账目清晰明了，便于查询与审计。在财务报告披露方面，制定具体详尽规定，要求全面、准确地披露单位财务状况、经营成果与现金流量等信息，涵盖收入明细、支出结构、资产负债变动等关键内容。通过事前、事中、事后的全方位监督，及时收集、整理所需信息，为财务管理决策提供可靠依据，保障单位经济活动合法合规、健康有序开展，维护财务信息的真实性与完整性。

第二节　行政事业单位财务管理的职能

一、确保各项事业计划和工作任务顺利完成

（一）精准预算编制，奠定事业发展基石

行政事业单位财务管理的首要职能在于精准编制单位预

算。这一过程并非简单的数字罗列，而是需要依据国家相关规定，结合单位实际情况，进行全面、深入的分析与规划。预算编制需立足单位长远发展目标，对各项事业计划和工作任务进行细致梳理。从人员经费、公用经费到项目支出，每一项开支都要经过严格测算，确保预算的合理性与可行性。在编制过程中，要充分考虑政策变化、市场波动等因素对单位收支的影响，预留一定的弹性空间，以应对可能出现的风险。同时，预算编制要注重科学性。运用先进的财务管理理念和方法，结合历史数据和行业经验，对各项收支进行精准预测。通过建立科学的预算模型，提高预算编制的准确性和精细化程度，为单位的事业发展提供坚实的财务保障。此外，预算编制还要坚持实事求是原则，不夸大、不隐瞒，真实反映单位的财务状况和收支需求。只有这样，才能确保预算的权威性和公信力，为后续的预算执行和管理工作奠定良好的基础。

（二）严格预算执行，保障事业稳步推进

预算编制完成后，严格执行审批后的预算是行政事业单位财务管理的关键环节。预算执行情况直接关系到各项事业计划和工作任务能否顺利完成。在预算执行过程中，要建立健全预算执行监控机制，对各项收支进行实时跟踪和动态管理，及时发现和解决预算执行中出现的问题。对于预算执行进度缓慢或偏离预算目标的情况，要深入分析原因，采取有效措施加以改进。同时，要加强预算执行的刚性约束。严格按照预算批复的用途和金额使用资金，不得随意调整预算。对于确需调整的预算项目，要按照规定的程序和权限进行审批，确保预算调

整的合理性和合规性。此外,预算执行要注重绩效管理。建立预算绩效评价体系,对各项事业计划和工作任务的完成情况进行量化考核。通过绩效评价,及时发现预算执行中的薄弱环节,优化资源配置,提高资金使用效益。只有严格预算执行,才能确保各项事业计划和工作任务按照既定的目标和进度稳步推进,实现单位的长远发展。

(三)强化预算管理,提升事业发展效能

预算管理是行政事业单位财务管理的重要组成部分,贯穿于预算编制、执行、调整和决算的全过程。强化预算管理,对于提升事业发展效能具有重要意义。要加强预算管理的制度建设。建立健全预算管理制度体系,明确预算管理的职责分工、工作流程和监督机制。通过制度规范,确保预算管理的各个环节都有章可循、有据可依。同时,要提高预算管理的信息化水平。利用现代信息技术,建立预算管理信息系统,实现预算数据的实时共享和动态监控。通过信息化手段,提高预算管理的效率和准确性,为决策提供及时、准确的数据支持。此外,要加强预算管理的人才队伍建设。培养一批既懂财务又懂业务的复合型人才,提高预算管理的专业水平和综合素质。通过人才支撑,推动预算管理工作的创新发展,为事业发展提供更加有力的保障。强化预算管理,能够优化资源配置,提高资金使用效益,促进各项事业计划和工作任务的顺利完成,提升行政事业单位的整体发展效能。

二、提高资金使用效率

(一)强化收支管控,提升资金使用效率

收支管理是行政事业单位财务管理的核心环节,直接决定着资金流转的规范性约束与效益性引导。在收入端,需构建多维度收入管理体系,既要确保财政拨款的精准到位,又要规范事业收入、经营收入等非税收入的管理流程。通过建立收入预测模型,结合历史数据与政策导向,科学测算年度收入规模,为预算编制提供可靠依据。在支出端,应实施全流程成本控制,从预算编制阶段的支出标准设定,到执行阶段的动态监控,再到决算阶段的效果评估,形成闭环管理机制。例如,对会议费、差旅费等重点支出项目实行定额管理,通过信息化手段实现支出数据实时采集与比对分析,及时发现并纠正超支行为。

增收节支机制的设计需兼顾刚性约束与柔性引导。刚性约束体现在制度层面,通过修订完善经费管理办法、差旅费报销细则等制度文件,明确支出边界;柔性引导则体现在激励机制层面,对节约成效显著的部门给予预算追加奖励,对超支部门实施预算扣减。这种疏堵结合的管理模式既能防范财务风险,又能激发部门节约意识。在资金分配环节,应建立"战略导向+绩效评价"的资源配置机制,将财政资金向重点领域、重点项目倾斜,同时通过成本效益分析筛选低效项目,实现资金配置的结构性优化。

资金使用效率的提升还需依托信息化手段。通过构建财务共享平台,整合预算、核算、支付等业务系统,实现数据互联

互通。例如，利用大数据技术对支出数据进行深度挖掘，识别资金使用中的异常模式；通过人工智能算法建立资金使用效率评估模型，自动生成部门资金使用效率排名。这些技术手段不仅能提升管理效率，更能为决策提供数据支撑，推动财务管理从经验驱动向数据驱动转型。

（二）优化资源配置

资金使用效率的本质是资源配置效率，这要求行政事业单位财务管理必须突破传统核算型模式，向战略型、价值型管理转型。在资源配置层面，需建立“战略—业务—财务”三位一体的规划体系。战略层面应将单位发展规划与财政政策导向深度融合，明确资金配置的优先方向；业务层面需构建项目全生命周期管理机制，从项目立项阶段就开展资金需求测算与效益预测，通过可行性研究报告论证资金使用的必要性；财务层面则要建立预算绩效指标体系，将资金使用效率与部门考核挂钩，形成花钱必问效、无效必问责的责任机制。资金统筹使用是提升效率的关键举措。通过建立跨部门资金池，打破资金条块分割的局面，实现项目间资金调剂。同时，应建立项目退出机制，对长期未启动或实施效果不佳的项目及时清理收回资金，防止财政资金沉淀。而且，价值创造导向要求财务管理从成本管控转向价值提升。通过构建“成本—效益”分析模型，量化评估资金投入对单位履职效能、社会效益的贡献度。这种价值创造导向的财务管理模式，能够推动行政事业单位从资金消耗者向价值创造者转变，真正实现资金使用效率的质的提升。

三、防止国有资产流失

（一）强化资产管理体系建设

行政事业单位在防止国有资产流失工作中，构建完善的资产管理体系至关重要。在统一领导框架下，设立专门的资产管理领导小组，明确其在资产规划、调配、监管等方面的核心统筹职责，成员涵盖财务、采购、使用等多部门关键人员，确保从资产入口到出口全流程的协同管理。在分工管理方面，细化各部门职责。财务部门负责资产价值核算与财务报表呈现，精确记录资产增减变动。采购部门依据单位需求与预算，严格按规范流程购置资产，保障资产质量与合规性。使用部门则承担日常资产保管、维护及使用效率提升责任。通过层层明确责任，确保资产管理无死角。在资产调配环节，依据合理调配原则，利用信息化资产台账，实时掌握各部门资产存量与使用状况。

（二）优化资产日常监管流程

日常监管流程的优化是防止国有资产流失的关键环节，在层层负责要求下，从资产使用人员到部门负责人再到单位高层，建立逐级监管链条。资产使用人员对所使用资产负直接保管责任，需做好资产日常维护记录，如设备运行状况、维修情况等。部门负责人定期对本部门资产进行清查盘点，核对资产实物与台账是否一致，监督资产使用是否合规。单位层面则设立定期与不定期相结合的资产检查机制。定期检查可按季度或半年进行全面清查，涵盖资产数量、状态、使用效率等。不定期检查则针对重点资产或敏感业务环节,如重大项目设备使用、资产处置流程等。在管用结合理念指导下,将资产使用与管理紧密关联。资产使用部门在申请购置新资产时,需同时提交现有同类资产使用情况报告,证明确有新增需求。管理部门依据使用反馈,及时调整管理策略,如优化资产维护计划、更新资产配置标准等。通过精细的日常监管流程,及时发现并解决资产流失问题。

(三)提升人员资产管理意识

人员资产管理意识的提升对防止国有资产流失起着内在推动作用。依据物尽其用原则,开展常态化资产管理培训。培训内容不仅包含资产管理政策解读,更注重实际操作案例分析。例如,通过展示资产闲置浪费与合理利用的正反案例对比,让员工直观感受资产管理重要性。针对不同岗位人员设计差异化培训内容。对财务人员强化资产核算、评估知识培训,提升其对资产价值的管理能力。对采购人员着重开展采购法规、优质供应商筛选培训,保障资产购置环节质量与效益。对资产使用人员开展资产维护、正确操作培训,延长资产使用寿命。在单位内部营造良好资产管理文化氛围,设立资产管理奖励机制。对在资产节约、高效利用、防止流失等方面表现突出的部门与个人给予表彰与奖励,激发全员参与资产管理积极性。通过持续提升人员资产管理意识与素养,从根本上减少因人为疏忽或不当操作导致的国有资产流失风险。

四、完善财务制度，实现公共组织财务管理的规范化

（一）筑牢制度基石，构建公共组织财务管理规范体系

行政事业单位的财务管理作为公共资源合理配置与有效利用的关键环节，其规范化进程离不开完善的财务制度作为坚实支撑。财政部门及上级主管部门制定的财务制度，为公共组织财务管理勾勒出宏观框架与基本准则，而行政事业单位需在此框架下，依据自身实际运营状况与业务特点，构建具有高度针对性和可操作性的内部财务制度。

内部财务制度的建立，是对外部财务制度的有效补充与细化。它应涵盖财务收支、资产管理、会计核算、内部控制等各个关键领域。在财务收支方面，需明确各项收入来源的合法性认定标准与合规性审查流程，规范支出审批权限与报销手续，杜绝任何形式的违规开支与资金挪用现象。在资产管理上，要建立完善的资产登记、盘点、处置制度，确保资产账实相符，防止国有资产流失。会计核算作为财务管理的基础工作，其制度应确保会计信息的真实性、准确性与完整性，为决策提供可靠依据。内部控制制度则是保障财务活动合法合规、资产安全完整、财务信息真实可靠的重要防线，通过合理设置岗位、明确职责分工、实施授权审批等措施，形成相互制约、相互监督的机制。

与此同时，健全财务机构是落实财务制度、实现财务管理

规范化的重要保障。行政事业单位应根据业务规模与管理需求,科学设置财务部门及岗位,合理配备专业人员,确保财务工作的高效开展。通过加强财务人员培训,提升其业务素质与职业道德水平,使其能够熟练掌握财务制度要求,准确执行各项财务操作,为公共组织财务管理规范化提供坚实的人力支撑。

(二)强化执行力度,推动公共组织财务管理规范落地

行政事业单位需在单位领导的直接领导下,将内部财务制度切实贯彻到财务管理的各项工作中,确保制度执行不打折扣、不走样。核算管理是财务制度执行的核心内容之一。单位应严格按照财务制度规定的会计科目、核算方法与报表格式,进行日常账务处理与财务报告编制。通过加强会计核算的规范化管理,提高财务信息的可比性与透明度,为内部管理与外部监督提供准确的数据支持。同时,建立健全财务分析制度,定期对财务状况与经营成果进行深入分析,及时发现财务管理中存在的问题与不足,为决策提供有针对性的建议。

计划管理在财务管理中同样占据重要地位。行政事业单位应根据事业发展规划与年度工作目标,科学编制财务预算,合理确定各项收支规模与资金投向。在预算执行过程中,要加强预算约束,严格按照预算安排使用资金,杜绝无预算或超预算开支。

此外,为确保财务制度的有效执行,还需建立健全监督考核机制。加强对财务活动的内部审计与外部监督,及时发现并纠正制度执行过程中存在的问题。将财务制度执行情况纳入

单位绩效考核体系,对执行不力的部门与个人进行问责,对表现优秀的给予奖励,形成有效的激励约束机制,推动公共组织财务管理规范化工作不断向纵深发展。

五、按规定及时编报决算,如实反映公共组织财务状况

(一)决算编报的时效性,是确保财务信息及时传导的制度保障

在公共财政体系中,年度决算不仅是单位财务活动的总结性报告,更是政府宏观决策的重要数据支撑。按时编报决算体现了公共资金管理的严肃性。它要求财务部门在预算年度结束后,须在规定时间内完成数据整理、账务核对、报表编制等全流程工作。这种时间约束机制能够倒逼单位建立常态化的财务管理机制,通过定期对账、月度分析等手段,确保日常财务活动与预算目标的动态匹配。

时效性要求背后是决策链条的高效运转。公共财政资金的分配往往具有显著的时效特征,年度财政政策的调整、专项资金的追加等决策均需基于最新财务数据。若决算编报滞后,将导致政策制定者难以获取真实的资金使用情况,可能引发资金分配的结构性失衡。因此,按时编报决算不仅是技术性操作,更是维护公共资金配置效率的关键环节。实践中,需通过信息化手段提升编报效率,例如,建立财务数据自动提取系统,实现财务系统与决算报表的实时对接,减少人工干预带来的时间损耗。

时效性还体现在对财务风险的预警功能。年度决算能够全面反映单位资产负债状况、收支结构及预算执行情况。它通过及时编报,可对潜在财务风险形成早期识别。例如,对长期挂账的应收款项、超期未使用的结转资金等问题,可在决算分析中予以重点揭示,为后续整改提供时间窗口。这种早发现、早处置的机制,对于维护公共资金安全具有不可替代的作用。

(二)决算信息的真实性,是构建公共组织财务透明度的基石

决算信息的真实性是行政事业单位财务管理的生命线。作为公共资金的受托管理者,行政事业单位承担着向社会公众披露资金使用情况的责任。真实反映财务状况不仅是对财政部门负责,更是对社会公众知情权的保障。在预算执行过程中,资金流向可能因政策调整、项目变更等因素发生偏离,决算编报需通过全面清查资产、核实收支、调整账目等程序,确保数据与实际经济业务完全一致。

真实性要求贯穿于决算编报的全流程。在数据采集阶段,需建立严格的原始凭证审核制度,对每一笔收支业务进行可追溯性验证;在账务处理环节,应严格执行政府会计准则制度,确保会计科目使用规范、核算方法统一;在报表编制阶段,需通过交叉验证、逻辑校验等手段,排查数据异常。这种环环相扣的质量控制体系,能够有效防范人为篡改数据、虚列收支等违规行为。

真实性更是公共组织公信力的体现。在信息不对称环境下,社会公众往往通过决算报告判断公共资金使用效率。若决

算数据失真，将直接损害政府部门的公信力，甚至引发信任危机。因此，真实性不仅是技术标准，更是政治要求。实践中，可通过引入第三方审计、公开决算信息接受社会监督等方式，构建多维度监督体系，确保决算数据经得起历史检验。这种透明化治理模式，最终将推动公共财政资金使用效率的提升。

第三节　行政事业单位会计基础工作规范

一、会计机构与人员管理规范

（一）机构设置

1. 独立设置

行政事业单位在财务管理中，会计机构的独立设置是保障其财务工作规范、高效运行的重要基础。行政事业单位应当单独设置会计机构，或明确指定专门部门负责会计工作，这一举措的核心在于确保会计职能的独立性。独立的会计机构能够避免财务工作受到其他部门或人员的干扰，从而保证财务数据的真实性、准确性和完整性。在实际操作中，单位应根据自身的规模、业务复杂程度以及财务管理需求，合理确定会计机构的设置形式。对于规模较大、业务复杂的单位，应单独设置会计机构，配备专业的会计人员，以应对复杂的财务工作；对于规模较小、业务相对简单的单位，则可以指定专门部门负责会计工作，但要确保该部门具备相应的专业能力和独立性。此外，独立设置会计机构还有助于加强内部控制,通过建立完善的财务管理制度和监督机制,对财务活动进行全程监控,防止财务风险的发生。同时,独立的会计机构还能为单位领导提供准确的财务信息,为决策提供有力支持,促进单位的健康发展。

2. 人员配备

行政事业单位会计人员配备是会计机构有效运作的关键,单位应根据业务规模合理配备专职会计人员,确保会计工作的顺利开展。在人员配备过程中,必须严格遵循会计与出纳岗位分离的原则,不得由同一人兼任,以防止财务舞弊行为的发生。会计人员主要负责会计核算、财务报告编制等工作,而出纳人员则负责现金、银行存款等资金的收付和管理。这种岗位分离制度能够形成相互制约、相互监督的机制,提高财务管理的透明度和安全性。同时,单位还应注重会计人员的专业素质和业务能力,通过定期培训、考核等方式,不断提升会计人员的业务水平。此外,单位还应建立健全的会计人员管理制度,明确各岗位的职责和权限,规范会计人员的行为,确保会计工作的规范化和标准化。通过合理的人员配备和科学的管理制度,行政事业单位能够构建起一支高效、专业的会计团队,为单位的财务管理提供有力保障。

(二)人员资质

1. 持证上岗

行政事业单位会计人员必须持证上岗,这是保障会计工作质量和规范性的重要前提。会计人员须持有会计从业资格证书或初级以上会计职称，这是对其专业知识和业务能力的基本要求。持有相关证书的会计人员，通常具备扎实的会计理论基础和丰富的实践经验，能够熟练掌握会计核算、财务管理等方面的知识和技能，为单位的财务管理提供有力支持。同时，单位还应要求会计人员定期参加继续教育，不断提升其专业能力。继续教育是会计人员更新知识、拓宽视野的重要途径，通过参加各类培训课程、研讨会等活动，会计人员可以及时了解最新的财务法规、政策以及会计理论和方法，不断提高自身的综合素质和业务水平。持证上岗和继续教育制度的实施，有助于提高行政事业单位会计人员的整体素质，推动单位财务管理工作的规范化和专业化发展。

2. 职业道德

行政事业单位会计人员的职业道德水平直接关系到单位财务管理的公正性和透明度。因此，建立会计人员诚信档案，定期开展职业道德培训显得尤为重要。诚信档案是记录会计人员职业道德表现的重要载体，通过记录会计人员的诚信行为、违规情况等信息，可以对其职业道德水平进行客观评价。同时，定期开展职业道德培训，可以增强会计人员的职业道德意识，提高其遵守职业道德规范的自觉性。职业道德培训内容应涵盖诚信、廉洁、保密等方面，引导会计人员树立正确的价值观和职业观，自觉遵守职业道德规范，做到诚实守信、廉洁奉公、保守秘密。通过建立诚信档案和开展职业道德培训，行政事业单位能够营造一个风清气正的财务管理环境，为单位的健康发展提供有力保障。同时，也有助于提升会计人员的社会形象和职业声誉,促进会计行业的健康发展。

二、会计核算规范

(一)会计制度执行

1. 统一标准

行政事业单位在会计制度执行过程中,必须严格遵循国家制定的会计相关制度,确保会计科目使用和账务处理符合规范要求。会计科目作为会计核算的基础,其设置的科学性和规范性直接影响到财务信息的真实性和可比性。因此,单位应依据相关制度规定,结合自身业务特点,合理设置会计科目,并确保在日常核算中准确运用。例如,收入类科目应按照来源和性质进行细分,费用类科目应按照功能和经济用途进行分类,以便清晰反映单位的财务状况和运营成果。

在账务处理方面,单位应严格执行会计制度规定的核算方法和程序,确保每一笔经济业务都能得到准确记录和反映。对于复杂的经济业务,应按照制度要求进行分解和确认,避免因简化处理而导致会计信息失真。同时,单位还应加强会计人员的培训和学习,提高其对会计制度的理解和执行能力,确保会计工作的规范性和准确性。通过对统一标准的执行,行政事业单位能够提升财务管理水平,为单位的决策提供可靠的财务信息支持。

2. 双分录核算

行政事业单位在会计核算中采用财务会计与预算会计

“平行记账”模式，旨在同步反映单位的财务状况与预算执行情况。这一模式要求单位在记录每一笔经济业务时，既要按照财务会计的要求进行确认、计量和报告，又要按照预算会计的要求进行核算和监督，即“双分录核算”。通过双分录核算，单位能够全面掌握资金的流入和流出情况，确保预算资金的使用符合规定，同时也能准确反映单位的财务状况和运营成果。在实施双分录核算时，单位应建立完善的会计核算体系，明确财务会计和预算会计的核算范围和核算方法。对于同一笔经济业务，应根据其性质和影响分别进行财务会计和预算会计的账务处理，确保两者之间的协调一致。同时，单位还应加强内部控制和审计监督，确保双分录核算的准确性和可靠性。通过双分录核算的实施，行政事业单位能够提升预算管理的透明度和有效性，为单位的可持续发展提供有力保障。

(二)原始凭证管理

1. 凭证审核

行政事业单位在会计原始凭证管理中，必须严格审核凭证的合法性、真实性和完整性。原始凭证作为会计核算的基础依据，其真实性和合法性直接关系到会计信息的准确性和可靠性。因此，单位应建立完善的凭证审核制度，明确审核流程和审核标准，确保每一份原始凭证都能得到严格审查。在审核过程中，应重点关注凭证的来源是否合法、内容是否真实、审批手续是否完备等方面。对于不符合规定的凭证，应及时退回并要求相关人员补充或更正。同时，单位还应加强对凭证的保管和归档工作,确保凭证的完整性和可追溯性。通过严格的凭证审核制度,行政事业单位能够防范财务风险,保障会计信息的真实性和准确性。

2. 电子凭证

随着信息技术的不断发展,电子凭证在行政事业单位会计原始凭证管理中的应用越来越广泛。电子凭证具有数据安全、可追溯性强等优点,能够有效提高凭证管理的效率和准确性。因此,单位应积极推广使用电子发票、电子凭证等新型凭证形式,减少纸质凭证的使用和存储成本。在推广使用电子凭证时,单位应建立完善的电子凭证管理制度和技术保障体系,确保电子凭证的真实性、完整性和安全性。同时,还应加强对会计人员的培训和教育,提高其对电子凭证的认知和使用能力。通过电子凭证的推广使用,行政事业单位能够进一步提升会计信息化水平,为单位的财务管理和决策提供更加便捷、高效的支持。

(三)会计账簿

行政事业单位的经济活动丰富且繁杂,健全合理的账簿设置犹如稳固基石,支撑着财务管理工作的有序开展。总账作为核心账簿,全面汇总单位所有经济业务,对资产、负债、净资产、收入与支出进行总括反映,宛如一幅宏观财务全景图,呈现单位财务状况的整体轮廓。明细账则细致入微,按经济业务的具体类别、项目或对象,对总账科目进一步细分记录。以固定资产明细账为例,详细罗列每一项资产的购置时间、原值、折旧情况等,为资产管理提供精准数据,让单位对资产细节了如指掌。日记账主要包括现金日记账与银行存款日记账,其依据业务发生时间顺序,逐笔记录现金与银行存款的收支变动,确保资金流转清晰可追溯,保障资金安全。

定期核对账目是账簿管理的关键环节。通过账账核对,即总账与明细账、日记账之间相互核对,检查不同账簿记录的一致性。若发现差异,能及时追溯业务流程,排查记账错误或核算偏差,保证财务数据在不同账簿间的连贯与准确。账实相符核对更为重要,将账簿记录与实物资产、库存现金、银行存款等实际情况进行比对。定期盘点固定资产,查看账面上的资产数量、状态与实际资产是否一致;每月对现金进行实地盘点,与现金日记账余额核对;定期与银行进行对账,确保银行存款日记账与银行对账单相符。通过严谨的账目核对,及时发现并纠正错漏,维护财务信息的真实性与可靠性,为单位经济决策提供坚实的数据支撑。

三、审计监督与档案管理规范

(一)行政事业单位会计内部审计

行政事业单位的内部审计是保障财务管理规范、防范财务风险的重要环节。为确保财务活动的合法性、合规性和效益性,单位应设立专门的内部审计机构,或指定具备专业能力的人员负责内部审计工作。内部审计机构或人员需定期开展财务收支审计,对单位的各项收入和支出进行全面审查,核实其真实性、合法性和合理性,防止财务收支中出现虚报、冒领、挪用等违规行为。同时,还应开展专项审计,针对单位特定的经济活动或管理环节进行深入审查,如固定资产管理、政府采购等,及时发现并纠正其中存在的问题。

在内部审计过程中,需制订详细的审计计划和方案,明确审计目标、范围和方法。审计人员应具备扎实的财务知识和审计技能,能够运用科学的审计方法和技术手段,对财务数据进行深入分析和评估。审计结束后,应及时形成审计报告,客观反映审计结果,提出针对性的审计意见和建议。单位领导应高度重视内部审计报告,对审计中发现的问题进行认真研究,制定整改措施,并督促相关部门和人员限期整改,确保审计成果得到有效落实。通过建立健全内部审计制度,加强内部审计工作,行政事业单位能够及时发现和解决财务管理中存在的问题,提高财务管理水平,保障单位资金的安全和有效使用。

(二)档案管理

行政事业单位的会计档案管理是财务管理的重要组成部分。会计凭证、账簿、报表等资料是记录单位经济活动的重要载体,需按照相关规定进行妥善保管。单位应建立健全会计档案管理制度,明确会计档案的归档范围、归档时间、保管期限等要求。在归档过程中,要确保会计资料的完整性,对每一笔经济业务都要有相应的会计凭证进行记录,凭证的填制要规范、准确,内容要真实、完整。账簿的登记要清晰、及时,能够准确反映单位各项经济业务的增减变动情况。报表的编制要符合相关会计准则和制度的要求,数据要真实、可靠,能够为单位的决策提供有力的支持。会计档案的保存期限一般不少于10

年,这是为了确保在需要时能够提供相关的财务信息。在保管过程中,要采取有效的防护措施,防止会计档案受到损坏、丢失或篡改。要建立专门的档案室或档案柜,配备必要的防火、防潮、防虫等设施设备,确保会计档案的安全。同时,要定期对会计档案进行检查和维护,发现问题及时处理。通过加强会计档案管理,行政事业单位能够更好地保护自身的财务信息资产,为单位的发展提供有力的保障。

第二章　行政事业单位收入管理

第一节　收入分类与确认原则

一、行政事业单位收入分类

（一）财政补助收入

财政补助收入是行政事业单位从同级财政部门获取的各类财政拨款，其核心功能在于支持单位的基本运转与特定项目实施。此类收入通常分为基本支出和项目支出两类。基本支出旨在保障单位日常运营所需的基础性开支，涵盖人员经费、公用经费等，确保单位能够持续稳定地履行其职能。项目支出则聚焦于特定目标或任务，如基础设施建设、公共服务提升等，需严格遵循财政部门下达的预算指标进行分配与使用。在核算层面，财政补助收入需严格遵循财政部门的管理要求，确保资金使用的合规性与透明度。同时，需定期向财政部门报送资金使用情况，接受财政监督与审计，确保资金安全高效运行。此外，财政补助收入的使用还需与单位的长期发展规划相结合，确保资金投入能够产生持续的社会效益与经济效益。随着财政管理体制改革的不断深化，财政补助收入的管理与使用将更加注重绩效导向与结果评价。单位需建立科学的绩效评价体系，对财政补助资金的使用效果进行量化评估，为后续预算安排提供决策依据。同时，还需加强与其他资金来源的统筹协调，提高资金使用效率，确保财政补助收入能够发挥最大效益。

（二）事业收入

事业收入是事业单位在开展专业业务活动及辅助活动过程中所取得的收入，其来源广泛，包括规费收入、行政事业性收费等。此类收入需遵循“收支两条线”原则，即收入需先缴入非税专户，再由财政部门按照规定程序返还给单位后确认。在核算过程中，事业单位需建立完善的收入管理制度，对事业收入的收取、缴存、返还及使用进行全程监控。同时，需加强与财政部门的沟通协调，确保收入返还的及时性与准确性。此外，事业单位还需注重事业收入的合理使用，确保其能够支持单位的业务发展与公共服务提供。例如，可将部分事业收入用于提升服务质量、改善服务设施等方面，以满足社会公众的需求。随着公共服务领域的不断拓展与深化，事业收入在事业单位收入结构中的地位将日益凸显。事业单位需积极探索新的收入来源渠道，如开展有偿服务、拓展社会捐赠等，以增加收入总量。同时，还需加强收入管理，提高收入质量，确保事业收入能够持续稳定地支持单位的业务发展与公共服务提供。

（三）上级补助收入

上级补助收入是主管部门和上级单位拨入的非财政补助资金，其性质与财政补助收入有所不同。此类收入需按照专项资金和非专项资金进行核算与管理。专项资金通常用于特定项目或任务,需严格按照上级单位的要求进行使用与管理;非专项资金则可用于单位的日常运转与业务发展。在期末结转时,上级补助收入需分别结转至非财政补助结转和事业结余。这一处理方式旨在确保上级补助资金的合规使用与有效管理。单位需建立完善的上级补助资金管理制度,对资金的申请、拨付、使用及监督进行全程跟踪与管理。同时,需加强与上级单位的沟通协调,确保资金使用的合规性与透明度。随着财政管理体制改革的不断推进,上级补助收入的管理与使用将更加注重规范性与效率性。单位需加强内部管理,提高资金使用效率,确保上级补助资金能够发挥最大效益。同时,还需积极探索新的资金来源渠道,以减轻对上级补助资金的依赖程度,实现单位的可持续发展。

(四)附属单位上缴收入

附属单位上缴收入是附属独立核算单位按规定上缴给主管单位的收入。此类收入的产生需具备两个条件:一是附属单位与主管单位之间存在隶属关系;二是附属单位具备独立核算条件。附属单位上缴收入的形式多样,包括利润分成、定额上缴等。在核算过程中,主管单位需建立完善的附属单位上缴收入管理制度,对收入的收取、核算及使用进行全程监控。同时,需加强与附属单位的沟通协调,确保上缴收入的及时性与准确性。随着集团化、规模化发展趋势的加强,附属单位上缴收入在主管单位收入结构中的地位将日益重要。主管单位需加强对附属单位的管理与指导,提高其经营效益与上缴能力。同时，还需注重附属单位上缴收入的统筹安排与合理使用，确保其能够发挥最大效益，支持主管单位的整体发展。

（五）经营收入

经营收入是单位在专业业务活动及辅助活动之外开展非独立核算经营活动所取得的收入。此类收入与经营支出相匹配，需在期末转入经营结余。经营收入的产生需遵循市场经济规律，通过提供货物和劳务销售等方式实现。在核算过程中，单位需建立完善的经营收入管理制度，对收入的确认、计量及核算进行规范管理。同时，需加强与经营支出的配比分析，确保经营活动的盈利性与可持续性。随着市场竞争的加剧与公共服务需求的多样化，经营收入在单位收入结构中的地位将逐渐提升。单位需积极探索新的经营模式与收入来源渠道，以增加经营收入总量。并且还需加强经营风险管理，提高经营效益与抗风险能力，确保经营收入能够持续稳定地支持单位的业务发展与公共服务提供。

二、行政事业单位收入确认原则

（一）收付实现制与权责发生制结合

行政事业单位的收入确认需结合收付实现制与权责发生制，根据收入的性质和来源选择合适的确认方式。财政补助收入、上级补助收入、拨入专款、事业收入等通常采用收付实现制，即在实际收到款项时确认收入。这一原则确保了资金的实际到账与收入确认的一致性，避免了因款项未到账而提前确认收入的风险。例如,财政部门通过国库集中支付系统向单位拨付资金时,单位需在资金实际到账后,方可将其确认为财政补助收入。其中,经营性收入采用权责发生制,即在提供劳务或发出商品,同时收讫销售款或取得索取价款凭据时确认收入。这一原则强调了收入与成本费用的配比,确保了经营活动的真实反映。两种制度的结合,既保证了财政资金的合规使用,又确保了经营活动的真实性和准确性。在实际操作中,单位需根据收入的性质和来源,合理选择确认方式,确保收入确认的合规性和准确性。

(二)专项与非专项资金区分

行政事业单位的收入需明确是否为专项资金。专项资金与非专项资金在管理和使用上存在显著差异。专项资金需专款专用,严格按照预算安排和项目进度使用,不得挪作他用。专项资金的收入确认需与项目进度相匹配,确保资金使用的合规性和有效性。而非专项资金则可统筹安排,用于单位的日常运转和一般性支出。非专项资金的收入确认相对灵活,但需确保资金使用的合理性和合规性。例如,单位的事业收入、上级补助收入等非专项资金,可在收到款项后,根据单位的实际需求进行统筹安排。期末,专项资金需结转至“非财政补助结转”科目,反映专项资金的结余情况;非专项资金则需结转至“事业结余”科目,反映单位的整体收支情况。这一区分原则,有助于单位加强对专项资金的管理,提高资金使用效率,同时确保非专项资金的合理使用。

第二节 收入核算流程与规范

一、行政事业单位收入核算流程

(一)收入确认与计量

1. 捐赠收入

捐赠收入的确认在行政事业单位收入核算里有明确的标准,按实际收到的捐赠资产或承诺捐赠的金额确认收入。当单位收到捐赠的货币资金时,在资金到账的时刻,按照实际收到的金额确认为捐赠收入。若收到的是实物资产,如设备、物资等,则需按照资产的公允价值,也就是市场上同类或类似资产的价格来确定捐赠收入金额。对于一些大额捐赠,捐赠方可能会做出承诺捐赠的表示,在满足一定条件下,即便捐赠资产尚未实际交付,单位也可按照承诺捐赠的金额确认收入,同时做好相应的信息披露与跟踪管理。准确确认捐赠收入,有助于单位全面反映所获得的外部支持,合理规划资金与物资的使用,提升单位资源调配能力,更好地履行公共服务职能。

2. 利息收入

利息收入的核算相对直接,由行政事业单位按实际收到的利息金额确认收入。单位在银行等金融机构的存款,或者对外投资所产生的利息收益,在实际收到利息款项时进行收入确认。无论是活期存款利息,还是定期存款到期获得的利息,抑或是投资债券等金融产品所产生的利息，只要资金到账，就依据到账的实际利息金额记录为利息收入。这种简单明确的确认方式，确保了利息收入核算的准确性与及时性，使单位能够清晰掌握资金的增值收益情况，合理规划资金存放与投资策略，提高资金的综合使用效益，为单位财务状况的优化提供支持。

（二）账务处理

1. 财务会计分录

在行政事业单位的收入核算中，财务会计分录用于准确记录收入业务，遵循财务会计的权责发生制原则。当确认事业收入时，如果是收到款项，借记“银行存款”等资产类科目，贷记“事业收入”科目；若为应收未收款项，借记“应收账款”科目，贷记“事业收入”科目。对于经营收入，确认时类似收到款项则借记“银行存款”，贷记“经营收入”；应收款项下，借记“应收账款”，贷记“经营收入”。而利息收入确认时，借记“银行存款”，贷记“利息收入”。这些财务会计分录详细记录了收入的来源与性质，为编制财务报表、进行财务分析提供了基础数据，能清晰展现单位经济活动的财务成果。

2. 预算会计分录

预算会计分录在行政事业单位收入核算中，依据预算会计的收付实现制原则编制。经营收入在实际收到款项时，借记“资金结存—货币资金”，贷记“经营预算收入”，体现经营活动带来的预算资金增加。捐赠收入在收到捐赠款项时，借记“资金结存—货币资金”,贷记“其他预算收入—捐赠预算收入”。利息收入在到账时,借记“资金结存—货币资金”,贷记“其他预算收入—利息预算收入”。预算会计分录直观地反映了单位收入对预算执行的影响,有助于单位监控预算执行进度,确保收入资金按预算安排合理使用,保障单位预算管理目标的实现。

(三)收入上缴与退回

1. 应缴财政款

事业单位取得的需上缴财政的款项,如罚没收入,要通过“应缴财政款”科目核算,不上缴本单位收入。在实际操作中,当单位取得罚没收入等应上缴财政的款项时,借记“银行存款”等科目,贷记“应缴财政款”科目,表明款项的性质与流向。单位需严格按照规定的时间与方式,将这些款项足额上缴财政部门。这一操作确保了财政资金的集中管理与规范使用,防止单位截留、挪用应上缴款项,维护了财政资金的权威性与完整性。通过“应缴财政款”科目的准确核算,财政部门能够清晰掌握各单位应上缴款项的情况,合理统筹财政资源,用于公共服务与社会事业发展,保障财政资金的有效调配与使用效率。

2. 收入退回

已确认的收入发生退回时,行政事业单位按实际退回金额冲减收入,并调整相关科目。如果是事业收入退回,在财务会计处理上,借记“事业收入”科目,贷记“银行存款”等科目,同时调整相应的成本费用等科目;在预算会计处理上,借记“事业预算收入”科目，贷记“资金结存—货币资金”科目。经营收入退回时，财务会计借记“经营收入”，贷记“银行存款”，同步调整经营成本等相关科目，预算会计借记“经营预算收入”，贷记“资金结存—货币资金”。捐赠收入、利息收入退回处理类似。收入退回的正确核算，保证了收入数据的准确性，避免因收入退回造成财务数据失真，使单位财务报表真实反映收入实际情况，为财务管理与决策提供可靠依据。

二、行政事业单位收入核算规范

（一）财政拨款收入规范

1. 专款专用

财政拨款收入规范——专款专用

行政事业单位所获财政拨款承载着特定使命，专款专用原则是保障财政资金精准投入目标项目、发挥最大效益的关键。财政拨款依据单位职能与项目需求进行分配，每一笔款项都对应明确用途。从项目启动到结束，资金流向全程受专款专用规则约束。在资金使用初期，单位需依据拨款文件规划资金使用路径，将款项合理分配至项目各环节，如设备采购、人员经费、场地租赁等。在项目执行过程中，严格把控资金流向，确保每一笔支出都契合指定用途。采购环节，按计划采购符合项目要求的设备，杜绝因价格、品牌偏好等因素偏离用途采购。人员经费发放严格依据项目岗位设置与薪酬标准，不得随意调整支出方向。通过全程严格遵循专款专用原则，防止财政资金被挪用，保障项目顺利推进，达成预期目标，实现财政资源的高效、精准配置，维护财政拨款资金使用的严肃性与规范性。

2. 零余额账户管理

零余额账户在行政事业单位财政授权支付体系中占据核心地位，规范其管理对保障资金安全、提升支付效率意义重大。单位通过零余额账户办理财政授权支付，账户资金额度由财政部门依据预算安排下达。收到额度通知后，单位及时记录额度到账情况，清晰掌握可支配资金规模。在支付业务开展时，严格遵循财政授权支付流程，依据真实、合规的业务需求提交支付申请。每一笔支付指令精准对应具体业务事项，从办公经费支出到项目款项拨付，确保支付用途明确、合理。支付完成后，迅速与财政部门核对额度使用情况，仔细比对支付金额与剩余额度，及时发现并纠正可能存在的差异。通过定期、高效的额度核对，保障账户资金信息准确无误，避免因额度管理混乱导致支付风险，维护财政资金支付秩序，提升财政资金使用透明度，确保财政授权支付业务在规范、有序轨道运行。

（二）行政事业单位事业收入规范

1. 成本核算

在行政事业单位的事业收入核算中，成本核算是一项至关重要的基础性工作。当单位提供专业服务或销售商品时，需遵循权责发生制原则，合理分摊直接成本与间接成本，确保收入与成本在会计期间内实现精准匹配。直接成本包括直接材料、直接人工等可直接归属于特定服务或产品的支出；间接成本则涵盖设备折旧、水电费、管理费用等需通过合理分摊方法(如作业成本法、标准成本法)计入具体成本核算对象的支出。成本分摊需基于科学合理的分配原则,例如按服务工时、项目进度或收入占比等动态调整分摊比例。对于跨期项目,应采用完工百分比法或里程碑法确认收入与成本,避免因收入确认时点与成本发生时点错配导致的利润虚增或虚减。此外,需建立成本归集与分配的追溯机制,确保成本数据可验证、可复核,为内部管理与外部审计提供可靠依据。成本核算的精细化程度直接影响事业收入的定价策略与资源配置效率。单位应定期开展成本分析,识别成本驱动因素,通过优化服务流程、提升资源利用率等方式控制非增值成本,同时为预算编制、绩效评价提供数据支撑,形成“成本—收入—效益”的良性循环。

2. 票据管理

票据管理是保障行政事业单位事业收入的核心环节。单位必须使用由财政部门统一监制的票据,包括纸质票据与电子票据,票据内容需完整填写交款人信息、收费项目、金额、开票日期等要素,并加盖单位财务专用章或发票专用章。票据的领用、发放、核销需建立台账管理制度,明确责任人,实行“凭证领购、分次限量、验旧领新”的管控流程,防止票据丢失、损毁或违规使用。电子票据需通过财政部门指定的管理系统开具,确保数据实时上传、全程留痕。纸质票据存根联应按编号顺序装订成册,保存期限不得低于5年,到期后需经财政部门批准集中销毁。票据使用过程中,严禁转借、转让、代开或虚构交易内容,确保收入来源的真实性与可追溯性。单位需定期开展票据自查,重点核查票据使用范围是否合规、票据金额与实际收入是否一致、作废票据是否完整留存等。财政部门通过非税收入管理系统对票据使用情况进行动态监控,对异常票据及时预警,对违规行为依法追责,形成“源头管控—过程监督—结果追溯”的全链条管理机制。

3. 非税收入上缴

需上缴财政的非税收入(如行政事业性收费、政府性基金等)必须严格执行“收支两条线”管理原则,收入全额上缴国库或财政专户,严禁坐收坐支、截留挪用。单位应在收入确认后5个工作日内,通过非税收入收缴管理系统办理上缴手续,系统自动生成电子缴款通知书并推送至代收银行,确保资金及时足额入库。对于因其他原因需退付的非税收入,单位需提交书面申请及证明材料,经财政部门审核批准后,通过原缴款渠道办理退付。财政部门定期对非税收入上缴情况进行清查,重点核查应缴未缴、少缴漏缴、延压占用等问题,对违规单位采取约谈、通报、扣减预算等措施,情节严重的依法追究法律责任。此外,非税收入上缴的信息化水平直接影响资金流转效率与透明度。单位需加强与财政部门、代收银行的系统对接,实现收入数据实时传输、缴款信息自动核对、对账结果即时反馈。同时,通过非税收入大数据分析平台,对收入规模、结构、趋势进行动态监测,为政策制定与预算安排提供决策支持,推动非税收入管理从“以票管收”向“数据管收”转型升级。

（三）捐赠收入规范

1. 使用限制

捐赠收入的使用受捐赠协议或捐赠人意愿严格约束，这是对捐赠人权益的尊重，也是单位讲究诚信履行社会责任的体现。单位在接受捐赠时，务必与捐赠人明确捐赠目的、资产用途等关键事项，并形成书面捐赠协议。协议中清晰界定捐赠收入可用于的项目范围、支出标准等内容。在使用捐赠收入过程中，全程对照协议执行。若捐赠用于特定公益项目建设，从项目规划、设计到施工，每一笔资金支出都应围绕项目建设需求，不得将资金用于与项目无关的行政办公支出、人员福利额外发放等。若捐赠用于资助特定群体，要严格审核资助对象资格，按规定标准发放资助款项，确保捐赠收入精准惠及目标群体。单位内部建立严格监督机制，定期审查捐赠收入使用情况，保障资金使用符合捐赠初衷，维护单位公信力与捐赠人积极性。

2. 信息披露

在财务报告中披露捐赠收入金额及使用情况，是行政事业单位提升财务管理透明度、接受社会监督的重要举措。单位编制财务报告时，在收入项目中应单独列示捐赠收入金额，清晰区分货币捐赠与实物捐赠金额，让报表使用者直观了解捐赠收入规模。对于捐赠收入使用情况，应详细阐述资金流向与用途。若捐赠用于多个项目，分别说明各项目使用捐赠资金金额、占比及项目进展情况。对于实物捐赠资产，说明资产使用、管理状况，如资产存放地点、使用部门、维护情况等。通过全面、准确的信息披露，社会公众、捐赠人及监管部门能够深入了解单位捐赠收入管理与使用情况，促使单位规范运作，提升捐赠资金使用效益，增强单位在社会公益领域的影响力与公信力，推动公益事业健康发展。

（四）经营收入规范

经营收入依法缴纳相关税费，是行政事业单位履行纳税义务、维护税收秩序的必然要求。单位开展经营活动，依据经营业务类型、收入性质，准确判定应纳税种，如增值税、所得税、印花税等。在收入确认同时，按税法规定计算应纳税额，确保税额计算准确无误。对于增值税，依据经营业务适用税率，正确核算销项税额与进项税额，准确计算应纳税额。所得税计算时，合理确定应纳税所得，即扣除符合税法规定的成本、费用等项目后的收入。纳税申报环节，严格遵守申报期限，如实填写纳税申报表，提交相关财务资料，确保申报信息真实、完整。

第三节 收入管理的风险与防范措施

一、行政事业单位收入管理的主要风险

（一）收入未统一归口管理

收入未统一归口管理是行政事业单位收入管理中的重大风险点。若收入业务未由财会部门统一办理，而是分散在多个业务部门或个人手中，缺乏集中监控机制，极易引发贪污舞弊、

私设“小金库”等行为。由于收入分散,财会部门无法全面掌握单位收入的真实情况,导致收入信息失真,影响财务决策的科学性。同时,分散管理还可能造成收入资金在流转过程中出现截留、挪用等问题,严重损害单位利益和公共利益。此外,未统一归口管理还可能导致收入与支出不匹配,影响单位预算的准确性和执行效果。为防范此类风险,行政事业单位应建立健全收入归口管理制度,明确财会部门为收入管理的唯一出口,确保所有收入均通过财会部门统一核算和监督。

(二)票据管理不规范

票据管理不规范是行政事业单位收入管理中另一个不容忽视的风险点。票据作为收入确认的重要凭证,其申领、启用、核销等环节均需严格遵循相关规定。然而,在实际操作中,部分单位存在票据管理混乱的现象,如申领手续不全、启用记录缺失、核销不及时等。这些问题不仅可能导致收入虚增或隐瞒,还可能引发票据丢失等风险,给单位带来经济损失和法律风险。为规范票据管理,行政事业单位应建立健全票据管理制度,明确票据的申领、启用、核销等流程和要求。同时,加强对票据的保管和监控,确保票据的安全性和完整性。

(三)内部控制制度执行不力

尽管多数行政事业单位已建立了内部控制制度,但在实际执行过程中往往流于形式,缺乏预算审查、审批控制等关键环节的有效执行。这导致收入管理滞后,无法及时发现和纠正收入管理中的问题。内部控制制度执行不力还可能引发收入确认不准确、收入资金挪用等风险，严重影响单位的财务状况和声誉。为加强内部控制制度的执行力度，行政事业单位应建立健全内部控制监督机制，明确各岗位的职责和权限，确保内部控制制度的有效执行。同时，加强对内部控制制度的宣传和培训，提高全体员工的内部控制意识和能力。

（四）监督与问责机制缺失

外部监督（如审计、人大监督）与内部监督（如内部审计）未能形成合力，以及查处不力是行政事业单位收入管理中的又一重大风险点。由于监督与问责机制缺失，部分单位在收入管理中存在违规行为时，往往难以得到及时、有效的查处和纠正。为加强监督与问责机制的建设，行政事业单位应建立健全内部监督与外部监督相结合的监督体系，明确各监督主体的职责和权限。同时，加强对监督结果的运用和反馈，确保监督结果能够得到有效落实和整改。

二、行政事业单位收入管理的防范措施

（一）强化收入归口管理

行政事业单位需明确财会部门作为收入管理的核心主体，对所有收入业务实行统一核算与动态监控。收入归口管理需覆盖单位所有收入来源，包括财政拨款、事业收入、经营收入、捐赠收入等，确保各类收入均纳入财务系统集中管理。通过建立收入台账，对收入项目、金额、来源、到账时间等要素进行详细记录，实现收入数据的实时更新与可视化展示。同时，严格

执行“收支两条线”管理规定，所有收入必须全额上缴财政专户或国库，严禁任何形式的坐收坐支、截留挪用。单位需制定收入上缴时间表，明确各类收入的上缴时限，并通过信息化手段实现收入到账与上缴的自动匹配，确保资金流转的透明性与合规性。此外，需建立收入异常预警机制，对未按时上缴或上缴金额不足的情况，系统自动触发预警，并推送至相关责任人，督促其及时整改。通过强化收入归口管理，可有效保障国有资产安全。

（二）完善票据管理制度

票据管理是收入管理的重要环节，需从申领、启用、核销到销毁的全流程实施严格管控。票据申领需履行审批手续，明确申领数量、用途及使用期限，防止票据滥用。启用票据时，需在票据封面注明启用日期、领用人等信息，并加盖单位公章或财务专用章。票据使用过程中，需按编号顺序连续填写，不得跳号、拆本使用，确保票据的完整性与连续性。票据核销需在收入到账后及时办理，核销时需核对票据金额与收入金额是否一致，对已核销票据需加盖“作废”或“已核销”标识，防止重复使用。票据销毁需履行报批程序，对到期或作废的票据，需编制销毁清单，经财政部门批准后集中销毁，并留存销毁记录备查。通过建立票据电子台账，对票据的申领、使用、核销、销毁等环节进行全程追溯，确保票据管理可查、可控、可追溯，从源头上防范票据违规行为。

（三）规范收入确认与核算

收入确认与核算是收入管理的核心环节，需严格遵循会计准则与财政部门的规定。收入确认需以合法票据为前提,确保收入来源的真实性与合法性。对非税收入,需在收到款项后及时开具财政票据,并在规定时间内上缴财政。收入核算需与收入确认保持一致,严禁通过往来账科目隐匿收入,或虚列支出套取资金。对预收账款、应收账款等往来科目,需定期进行清理与核对,确保账实相符。对长期挂账的往来款项,需查明原因,及时处理,防止形成“账外账”。同时,需建立收入对账机制,定期与财政部门、代收银行等进行对账,确保收入数据的准确性与一致性。通过规范收入确认与核算,可防范收入虚增、隐瞒、截留等违规行为,保障收入的真实性与完整性。

(四)健全内部控制制度

内部控制是防范收入管理风险的重要保障,需从制度层面构建全方位、多层次的防控体系。需加强预算约束,严格执行“无预算不支出”原则,对预算外支出履行追加预算审批程序,杜绝超支和挪用行为。需建立收入分析与对账制度,定期对收入规模、结构、趋势进行分析,及时发现收入异常波动,并采取针对性措施。对重大金额支出,应履行集体决策程序,确保资金使用的合规性与效益性。需建立不相容职务分离制度,对收入业务中的票据管理、收入确认、资金上缴等关键环节,实行岗位分离与相互制约,防止一人全程办理,降低舞弊风险。此外,需建立内部审计机制,定期对收入管理进行专项审计,对发现的问题及时整改,并追究相关责任人的责任。通过健全内部控制制度,可形成收入管理的闭环管理,提升风险防范能力。

(五)加强监督与问责

监督与问责是确保收入管理规范性的最后一道防线,需构建内部监督与外部监督相结合的监督体系。内部监督需强化内部审计与财务检查,定期对收入管理进行全面审计,重点检查收入确认、票据管理、资金上缴等环节的合规性。对审计发现的问题,需建立整改台账,明确整改责任人与整改时限,确保问题整改到位。同时,需建立内部审计报告制度,定期向单位领导班子报告审计情况,为决策提供参考。外部监督需加强与财政部门、审计部门、纪检监察部门的协作,定期接受外部审计与检查,对发现的问题及时整改,并公开整改结果,接受社会监督。对收入管理中的违规行为,需依法依规严肃问责,对直接责任人与相关领导实行“一案双查”,既追究当事人的责任,也追究管理责任与领导责任。通过加强监督与问责,可形成收入管理的高压态势,有效遏制违规行为,保障收入管理的规范性与严肃性。

第四节　收入预算绩效管理

一、行政事业单位收入预算绩效管理目标

(一)提升资金使用效益

提升资金使用效益是行政事业单位收入预算绩效管理的核心目标之一。这一目标旨在通过系统性的管理手段,将绩效

理念深度融入预算管理的各个环节，从预算编制的源头出发，到预算执行的过程监控，再到预算完成后的绩效评估，形成一套完整的资金管理链条。通过这一链条，行政事业单位能够更加精准地把握资金流向，确保每一笔财政资金都能被配置到最需要、最能产生效益的领域。同时，绩效管理还强调结果导向，促使单位从单纯关注资金投入转向更加注重资金的使用效果，即资金是否真正实现了预期的目标，是否带来了实际的社会效益和经济效益。这种转变不仅有助于提升财政资金的配置效率，还能够有效避免资源的浪费和闲置，使有限的财政资金发挥出更大的作用，为行政事业单位的可持续发展提供坚实的财力保障。在具体实践中，提升资金使用效益需要行政事业单位建立科学合理的绩效评价指标体系，明确各项绩效指标的具体含义、计算方法和评价标准，以便对资金使用效果进行客观、公正的评估。同时，还需要加强绩效管理的信息化建设，利用现代信息技术手段，实现对预算执行情况的实时监控和动态分析，及时发现和纠正资金使用过程中存在的问题，确保资金使用的合规性和有效性。

（二）规范收入管理流程

对财政补助收入、事业收入等各类收入进行全方位、全过程的动态监管，确保资金的安全和合规使用。具体而言，这一管理体系应包括预算编制有目标、执行有监控、完成有评价、结果有反馈、反馈有应用五个环节。在预算编制阶段，行政事业单位应根据自身的发展战略和业务需求，科学合理地设定收入预算目标，并明确各项收入的具体来源和用途。在预算执行阶段，应加强对收入资金的实时监控，确保资金按照预算计划及时、足额到位，并严格按照规定的用途使用。在预算完成阶段，应对收入资金的使用效果进行全面、客观的评价，总结经验教训，为下一轮预算编制提供参考。同时，还应将评价结果及时反馈给相关部门和人员，以便他们及时调整管理策略，优化资源配置。最后，还应将评价结果应用于绩效考核、奖惩激励等方面，形成有效的约束和激励机制，促进收入管理流程的不断规范和完善。

（三）推动公共服务质量提升

推动公共服务质量提升是行政事业单位收入预算绩效管理的最终目标。这一目标旨在通过绩效目标的设定与考核，引导行政事业单位不断优化服务流程、创新管理方式，提高公共服务的效率和质量。具体而言，行政事业单位应根据自身承担的公共服务职能和任务，科学合理地设定绩效目标，并将这些目标细化为具体的绩效指标和评价标准。在预算执行过程中，应加强对这些绩效指标的监控和评估，及时发现和解决影响公共服务质量的问题。同时，还应根据绩效评估结果，对服务流程和管理方式进行持续改进和创新，以更好地满足人民群众的需求和期望。为了实现这一目标，行政事业单位需要加强与人民群众的沟通和互动，了解他们的真实需求和反馈意见，以便及时调整服务策略和管理方式。同时，还应加强与其他部门的协作和配合，形成工作合力，共同推动公共服务质量的提升。此外，还应加强对公共服务质量的监督和评估，建立有效的监督机制和评估体系，确保公共服务质量的持续提升和不断完善。

二、行政事业单位收入预算绩效管理策略

（一）绩效目标设定

绩效目标是收入预算绩效管理的核心指引，需紧密围绕单位职能定位、长期发展规划及年度重点任务展开。目标设定需遵循“SMART”原则，即具体性（Specific）、可衡量性（Measurable）、可实现性（Achievable）、相关性（Relevant）、时限性（Time-bound）。具体而言，从收入规模、结构、质量三个维度构建目标体系：收入规模目标需明确年度总收入、财政拨款收入、非税收入等具体金额；收入结构目标需设定财政拨款占比、事业收入占比、经营收入占比等比例指标；收入质量目标需关注收入合规性、稳定性、可持续性等非量化指标。同时，将收入目标与支出目标、产出目标、效果目标进行关联，形成“收入—支出—产出—效果”的完整链条。例如，将培训收入目标与培训人次、培训满意度等产出目标挂钩，确保收入增长与服务质量提升同步推进。目标设定经单位集体决策程序审议通过，并通过内部公示、职工代表大会等形式广泛征求意见，确保目标的科学性与民主性。

（二）过程监控与预警

过程监控是收入预算绩效管理的关键环节，即通过信息化手段实现预算执行进度与绩效目标实现程度的动态跟踪。建立月度监测机制，对收入预算执行率、收入结构变化率、收入合规率等核心指标进行实时监测。监测数据通过预算管理系统

自动生成，并与历史数据、行业数据进行横向对比分析，及时发现偏差。设置三级预警阈值：当收入预算执行率低于 80%或高于 120%时触发黄色预警，提示需调整收入节奏；当收入结构偏离目标值超过 10 个百分点时触发橙色预警，提示需优化收入结构；当收入合规率低于 95%时触发红色预警，提示需立即整改。预警信息通过系统自动推送至单位负责人、财务部门及业务部门，并要求相关责任人在规定时间内提交整改方案。同时，建立预警处置台账，对预警事项的整改情况进行跟踪管理，确保问题闭环解决。通过过程监控与预警，可实现收入预算的动态平衡与风险防控。

（三）绩效评价与结果应用

绩效评价是收入预算绩效管理的闭环环节，需采用“三位一体”评价模式，即单位自评、部门评价、财政评价相结合。单位自评需由财务部门牵头，组织业务部门对收入预算执行情况、绩效目标实现程度进行全面自查，形成自评报告。部门评价需由上级主管部门对下属单位收入预算绩效进行横向对比与纵向分析，形成评价意见。财政评价需由财政部门委托第三方机构对重点领域、重大项目的收入预算绩效进行独立审计，形成评价结论。评价内容涵盖预算资金投入的合规性、使用过程的效率性、产出的数量与质量、效果的效益性与可持续性四个维度。评价结果实行“双挂钩”机制：与下年度预算安排挂钩，对绩效评价优秀的单位给予预算倾斜，对绩效评价不合格的单位核减预算规模；与干部考核挂钩，将收入预算绩效管理责任纳入领导班子及干部个人考核体系，作为评优评先、职务晋升的重要依据。同时,建立绩效评价结果公开制度,通过单位网站、公告栏等渠道向社会公开评价结果,接受社会监督。通过绩效评价与结果应用,可形成“花钱必问效、无效必问责”的刚性约束,推动收入预算绩效管理向纵深发展。

第三章　行政事业单位支出管理

第一节　支出分类与审批流程

一、行政事业单位支出分类

（一）按经济性质分类

1. 人员经费

人员经费是行政事业单位为维持其正常运转，保障职工基本权益而发生的支出，主要用于支付单位职工的工资、津贴、奖金以及社会保险费等个人支出。这部分支出是行政事业单位支出结构中的基础性部分，直接关系到职工的切身利益和工作积极性。工资作为人员经费的核心组成部分，涵盖了职工的基本工资、岗位工资、绩效工资等，是职工劳动价值的直接体现。津贴与奖金则是对职工在特定工作环境、工作条件下付出额外努力或取得突出成绩的补偿与激励。社会保险费则包括养老保险、医疗保险、失业保险、工伤保险和生育保险等，是职工社会保障体系的重要组成部分，为职工提供了基本的生活保障和医疗保障。人员经费的合理确定与支付，不仅关系到职工的切身利益,也影响着行政事业单位的整体运行效率。因此,在人员经费的管理上,需严格遵循国家相关政策规定,确保工资、津贴、奖金的按时足额发放,以及社会保险费的及时缴纳。同时,还需根据单位实际情况,合理调整人员经费结构,提高资金使用效益,确保人员经费的可持续性和稳定性。

2. 公用经费

公用经费是行政事业单位为维持其正常运转和开展业务活动所必需的公用支出,涵盖了办公费、水电费、差旅费、会议费、培训费等多个方面。这部分支出是行政事业单位履行职能、开展业务活动的重要保障,对于提高行政效率、推动事业发展具有重要意义。办公费包括日常办公用品的购置、办公设备的维护与更新等,是行政事业单位正常运转的基础。水电费是保障单位办公场所正常运转的必要支出。差旅费用于支付职工因公出差所产生的交通、住宿等费用,是行政事业单位开展业务活动、加强对外交流的重要支撑。会议费和培训费则分别用于支付单位组织的各类会议和培训活动的费用,对于提高职工素质、推动业务创新具有重要作用。在公用经费的管理上,需注重节约与效率并重。一方面,要严格控制公用经费的支出规模,避免浪费和不合理支出;另一方面,要优化公用经费的支出结构,提高资金使用效益。同时,还需加强公用经费的预算管理,确保公用经费的支出符合预算安排和单位实际需求。

3. 对个人和家庭的补助支出

对个人和家庭的补助支出是行政事业单位为体现人文关

怀、促进社会和谐而发生的支出，主要用于对个人和家庭的补助性支出，如离退休费、抚恤金、生活补助等。这部分支出是行政事业单位社会保障体系的重要组成部分，对于保障职工及其家庭的基本生活需求、维护社会稳定具有重要意义。离退休费是行政事业单位对已退休职工的定期支付，用于保障其退休后的基本生活。抚恤金是对因公牺牲、病故职工的家属给予的一次性经济补助，体现了单位对职工及其家属的关怀与尊重。生活补助则是对因特殊原因导致生活困难的职工或家庭给予的临时性经济援助，有助于缓解其生活压力。在对个人和家庭的补助支出的管理上，需注重公平与效率的结合。一方面，要确保补助支出的公平性，根据职工及其家庭的实际需求，合理确定补助标准和范围；另一方面，要提高补助支出的效率，确保资金能够及时、足额地发放到受益人手中。同时，还需加强对补助支出的监督与评估，确保补助支出的合规性和有效性。

4. 资本性支出

资本性支出是行政事业单位为购置、建造、改扩建固定资产、无形资产和长期投资等资本性项目而发生的支出。这部分支出是行政事业单位提升服务能力、推动事业发展的重要投入，对于改善单位基础设施条件、提高业务水平具有重要作用。固定资产的购置与建造是资本性支出的主要部分，包括办公用房、设备设施、交通工具等。这些固定资产是行政事业单位履行职能、开展业务活动的重要物质基础。无形资产的购置包括专利权、商标权、著作权等，是行政事业单位创新发展的重要支撑。长期投资则是指行政事业单位将资金投入到具有长期收益的项目中，如股权投资、债权投资等，有助于单位实现资产的保值增值。在资本性支出的管理上，需注重规划与效益的统一。一方面，要根据单位事业发展规划和实际需求，科学合理地确定资本性支出的规模和方向；另一方面，要加强资本性支出的效益评估，确保资金能够投入到具有良好经济效益和社会效益的项目中。同时，还需加强对资本性支出的监督与管理，确保资金的安全与合规使用。

（二）按功能分类

1. 基本支出

基本支出是行政事业单位维持日常运转的核心支撑，涵盖人员经费与日常公用经费两大模块。人员经费作为基本支出的核心构成，涉及单位员工薪酬、社会保障及福利等直接人力成本。其核算需严格遵循人事部门核定的编制与薪酬标准，涵盖基本工资、津贴补贴、绩效工资等固定收入，以及社会保险费、住房公积金等法定支出。部分单位还需核算离退休人员费用，确保人员经费的完整性与合规性。日常公用经费则聚焦于单位日常运营的物资与服务消耗，包括办公费、水电费、差旅费、会议费等。其管理需建立定额标准体系，例如办公用品按人均标准配置，差旅费按地区与职级设定报销限额。公用经费的分配需与单位职能匹配，避免资源浪费。基本支出的管理需强化预算约束与动态监控。预算编制阶段需以历史数据为基准，结合单位发展规划合理预测支出规模；执行阶段需通过信息化系统实时跟踪支出进度,对超支科目及时预警。同时,需建立成本效益分析机制,评估人员配置与公用资源使用的效率。此外,还需加强内部控制,防止虚报冒领、挪用资金等违规行为,确保基本支出专款专用。

2. 项目支出

项目支出是行政事业单位实现特定目标的关键投入,涵盖专项业务费、大型修缮、设备购置等非日常性支出。其管理需遵循“专款专用、绩效导向”原则,确保资金精准匹配项目需求。项目支出需按功能分类细化至具体项目,例如教育领域的信息化建设、医疗卫生机构的设备更新、文化事业单位的文物保护等。每个项目需设定明确的目标、预算、时间表与责任人,形成完整的项目生命周期管理。项目支出的预算编制应以可行性研究为基础,结合项目规模、技术难度、社会效益等因素综合测算资金需求。执行阶段需建立分阶段拨款机制,根据项目进度动态调整资金分配。例如,对于跨年度项目,可按启动、实施、验收等阶段设置资金拨付节点。同时,需强化项目绩效评价,从投入产出、服务质量、社会影响等维度构建评价体系。评价结果需与项目负责人考核挂钩,形成“预算—执行—评价—反馈”的闭环管理。

3. 财政拨款支出

财政拨款支出是行政事业单位资金来源的核心渠道,其管理需严格遵循财政预算制度与资金管理规范。财政拨款需按功能分类细化至“类、款、项”三级科目,例如教育支出需进一步拆分为普通教育、职业教育、特殊教育等子项。财政拨款的使用需遵循“先有预算、后有支出”原则，严禁超预算、无预算支出。而且财政拨款支出的动态监控需依托财政一体化平台，实现预算执行进度、资金流向、绩效目标的实时跟踪。例如，通过系统预警功能，对支出进度低于序时进度或偏离绩效目标的项目及时干预。同时，建立财政拨款结余资金管理机制，对连续两年未使用的结余资金按规定收回财政统筹。

4. 非财政拨款支出

非财政拨款支出是行政事业单位补充资金来源的重要途径，涵盖事业收入、经营收入、其他收入等多个类别。事业收入主要来源于单位提供的专业服务收费；经营收入涉及单位利用自身资源开展的对外经营活动。非财政拨款支出的管理须建立“收支两条线”机制，确保收入全额上缴财政专户或单位账户，支出按预算安排使用。收入核算遵循权责发生制原则，准确计量收入金额与时间节点。例如，对于跨期服务收入，需按服务进度分期确认。支出管理需强化成本管控，通过成本核算、定额管理、绩效评价等手段提升资金使用效率。非财政拨款支出的风险防控需重点关注收入合规性与支出合理性。收入方面，需确保收费项目与标准符合相关规定，避免乱收费、搭车收费等问题；支出方面，需防止挪用资金、超标准开支等违规行为。同时，可通过内部审计、社会监督、信息公开等手段增强透明度。此外，需建立非财政拨款资金储备机制，增强单位应对突发事件的财务韧性。

二、支出审批流程

（一）行政事业单位支出申请

1. 经办人提出申请

在行政事业单位的支出流程中，经办人作为发起者，肩负着开启严谨支出程序的重任。当工作产生实际需求时，经办人需迅速行动，着手填写支出申请单。填写过程中，每一项信息都要求精准无误。支出事项需清晰描述，若为采购办公设备，需明确设备名称、型号、规格等关键信息；金额填写精确到小数点后两位，杜绝模糊不清。用途阐述详细且具体，说明采购设备是为了满足新增业务开展需求，还是替换老旧设备以提升工作效率。支付方式选择也需谨慎，根据单位财务规定与业务实际情况，确定是采用银行转账、支票支付，还是其他合规支付手段。同时，为增强支出申请的可信度与合规性，经办人需附上相关证明材料，如采购申请需附上供应商报价单、采购合同草案等；培训支出需提供培训通知、课程安排等资料。这些材料成为支撑支出申请合理性的有力依据，确保后续审核审批环节能够全面、准确了解支出背景与必要性，为单位资金的合理使用奠定坚实基础。

2. 部门负责人审核

当收到经办人提交的支出申请后，部门负责人即刻展开对申请真实性与合理性的深度核查。对于支出事项真实性，部门负责人依据部门实际工作情况与业务规划进行判断。若申请为开展一项业务活动支出，部门负责人应确认该活动是否在部门工作计划内，是否为推动部门核心工作所必需。在合理性审核方面，重点关注支出金额是否符合市场行情与单位内部规定标准。如办公设备采购金额，部门负责人参考过往类似设备采购价格，并结合当前市场价格波动情况，判断申请金额是否合理。对于用途阐述，部门负责人审视其与部门工作目标的契合度，确保支出切实服务于部门业务推进。审核过程中，部门负责人还会仔细查阅相关证明材料，验证材料的完整性与合规性。经过严谨审核后，部门负责人根据审核结果，在支出申请单上签署明确的审核意见。若申请通过审核，标注同意并简要说明理由；若存在问题，详细指出问题所在，要求经办人补充资料或修改申请，保障支出申请在进入下一环节前符合部门实际需求与单位管理规范。

（二）层级审批

1. 小额支出审批

在行政事业单位支出层级审批体系中，小额支出审批流程相对简洁高效。对于一定金额以下的小额支出，单位通常赋予单位负责人或授权的分管领导直接审批权限。这一安排旨在提高日常小额资金使用效率，满足单位灵活开展业务的需求。当小额支出申请经经办人发起、部门负责人审核通过后，流转至审批环节。单位负责人或分管领导收到申请后，快速浏览支出申请单及相关资料。重点关注支出事项是否与单位业务相关、是否符合单位既定的财务制度与预算安排。由于金额相对较小，审批过程注重关键要点把控。例如，办公文具采购等小额支出，领导确认采购数量在合理办公消耗范围内，价格符合市场常规水平，且采购事项确为维持单位日常运转所必需，便迅速签署审批意见同意支出。这种直接审批模式避免了烦琐流程对小额资金使用的阻碍，使单位能够及时响应日常工作中的小额资金需求，保障单位各项工作不间断、高效运行，同时在便捷性与合规性之间找到平衡，确保小额资金使用在可控范围内。

2. 大额支出审批

大额支出审批在行政事业单位支出管理中备受关注，因其涉及资金量大，对单位财务状况与业务发展影响深远。当面临大额支出申请时，需遵循严格规范流程。通常大额支出需提交单位领导班子集体研究决定，或按照“三重一大”决策程序办理。领导班子成员在接到申请后，全面深入分析支出必要性、合理性与可行性。从必要性角度，判断支出是否为单位战略发展、重大项目推进所不可或缺。在合理性方面，仔细审查支出金额测算依据是否充分、合理，是否存在成本优化空间。可行性分析则涵盖资金筹集能力、项目实施条件等多方面。如单位计划进行大型设备采购，领导班子需考虑当前单位资金储备、融资渠道是否能满足采购资金需求，设备采购后使用环境、人员操作培训等实施条件是否具备。通过集体讨论、充分权衡利弊，领导班子形成统一决策意见。这种集体决策模式有效避免个人决策片面性，保障大额资金使用安全、合理，为单位重大业务活动开展提供坚实资金保障，促进单位可持续发展。

3. 特殊事项审批

行政事业单位中，涉及招投标、对外投资等特殊事项的支出审批有着独特且严格的程序。对于此类支出，须严格按照相关规定履行相应审批程序。在招投标支出审批方面，从项目立项开始，相关部门应详细审查招标项目的必要性、合规性。招标预算编制需精准合理，经过多轮审核。在招标过程中，每一个环节都要接受严格监督，确保招标程序公开、公平、公正。审批人员对招标文件审核应细致入微，从招标范围、评标标准到合同条款，确保无漏洞、无违规风险。对于对外投资支出审批，单位需对投资项目进行全面调查，评估投资项目市场前景、盈利能力、风险状况等。投资方案需经过专业论证，审批过程中，关注投资规模是否合理、投资方式是否恰当、风险防控措施是否有效。通过遵循特殊事项专属审批程序，保障单位在特殊支出领域的资金安全，避免因违规操作、决策失误导致重大损失，维护单位资产安全与稳健运营。

（三）行政事业单位支出支付执行

1. 支付申请

在行政事业单位中，财务部门作为资金管理的核心部门，承担着支付申请的办理职责。当业务部门提出资金需求并经过相关审批流程后，财务部门依据审批意见，正式开始支付手续的办理。这一过程涉及多个细节，如核对审批文件、确认资金用途、填写支付申请单等。支付申请单作为资金支付的直接依据，其填写必须准确无误，涵盖支付金额、收款人信息、支付方式等关键要素。财务部门在填写过程中，应严格遵循内部管理制度，确保每一项信息都符合规定，为后续的支付审核和资金支付奠定坚实基础。

2. 支付审核

支付审核是保障资金安全、防止违规支付的重要关卡。支付申请单在提交后，需经过财务部门负责人或其授权人员的仔细审核。审核内容主要包括支付申请的合规性、审批流程的完整性、资金用途的合理性等。审核人员需具备高度的责任心和专业知识，对每一份支付申请单都进行认真审查，确保不存在任何风险隐患。审核签字不仅是流程上的要求，更是对资金安全负责的表现。通过严格的支付审核，能够有效避免违规支付行为的发生，维护行政事业单位的资金安全。

3. 资金支付

资金支付是支出支付执行的最终环节，也是实现资金价值的关键步骤。在支付审核通过后，财务部门需通过国库集中支付系统或银行转账等方式，将资金准确无误地支付给收款人。这一过程要求财务部门具备高效的资金支付能力和严谨的操作流程。国库集中支付系统作为现代化的支付手段，具有安全、快捷、高效等优点，能够大大提高资金支付的效率和准确性。同时，银行转账作为传统的支付方式，也在资金支付中发挥着重要作用。财务部门在资金支付过程中，要严格遵循相关规定，确保资金支付的安全、合规和及时。

(四)核算与监督

1. 会计核算

会计核算作为行政事业单位财务管理的重要组成部分,承担着对支出进行记录、分类、汇总和报告的职责。财务部门需按照会计制度规定,对每一笔支出进行详细记录,确保账目清晰、准确。会计核算不仅要求财务人员具备扎实的专业知识,还需要他们具备高度的责任心和严谨的工作态度。在会计核算过程中,财务人员需对支出进行分类处理,按照不同的会计科目进行记录,以便后续的财务分析和决策。同时,会计核算还需定期生成财务报表,为行政事业单位的管理层提供决策依据。通过规范的会计核算,能够确保行政事业单位的财务信息真实、可靠,为单位的健康发展提供有力保障。

2. 监督检查

监督检查是确保行政事业单位支出合规、有效的重要手段。内部审计部门或纪检监察部门作为监督检查的主体,承担着对支出情况进行定期检查的职责。监督检查的内容包括支出的合规性、资金使用的合理性、审批流程的完整性等。通过监督检查,能够及时发现并纠正支出中存在的问题,防止违规行为的发生。监督检查还能促进行政事业单位内部管理的完善,提高资金使用效率。监督检查部门需保持独立性和客观性,对发现的问题进行严肃处理,确保行政事业单位的支出活动始终在合法合规的轨道上运行。通过严格的监督检查,能够维护行政事业单位的财务秩序,保障单位的正常运转和健康发展。

第二节 支出核算与成本控制

一、行政事业单位支出的核算

(一)核算要求

1. 真实性

行政事业单位支出核算的真实性是确保财务信息准确、可靠的基础。真实性要求支出数据必须如实反映单位实际发生的经济业务,严禁任何形式的虚列支出、虚报冒领或隐瞒不报。这一原则贯穿支出核算的全过程,从原始凭证的审核到记账凭证的编制,再到财务报表的编制,每一个环节都必须严格把关。具体而言,真实性要求单位在核算支出时,必须以合法有效的原始凭证为依据,确保支出的时间、金额、用途等信息与实际情况相符。同时,单位应建立健全内部控制制度,加强对支出业务的监督和检查,防止虚假支出行为的发生。只有确保支出核算的真实性,才能为单位的财务管理和决策提供准确的数据支持,保障公共资金的安全和有效使用。

2. 及时性

及时性要求单位在发生支出业务后,应按照规定的时限和程序,及时、准确地进行账务处理,确保会计信息的时效性和有用性。具体而言,及时性要求单位在收到原始凭证后,应及时审核并编制记账凭证,将支出业务及时反映在会计账簿中。同时，单位还应定期编制财务报表，及时反映单位的财务状况和运营成果。及时性不仅有助于单位及时掌握支出情况，合理安排资金，还有助于提高财务管理的透明度和公信力，增强社会公众对单位的信任和支持。因此，单位应高度重视支出核算的及时性，建立健全的账务处理流程和内部控制制度，确保支出核算工作的高效、有序进行。

（二）核算方法

1. 财务会计与预算会计并行

行政事业单位在支出核算中采用财务会计与预算会计并行的模式，即“双功能、双基础、双报告”模式。这一模式要求单位在核算支出时，既要按照财务会计的权责发生制原则进行核算，又要按照预算会计的收付实现制原则进行核算。财务会计的核算注重经济业务的实质和经济利益的影响，能够准确反映单位的财务状况和运营成果；预算会计的核算则注重预算的执行和资金的收支情况，能够为单位的预算管理提供有力的支持。通过财务会计与预算会计的并行核算，单位可以全面、准确地掌握支出情况，为财务管理和决策提供更加全面、深入的信息支持。

2. 科目设置与账务处理

在支出核算中，行政事业单位应根据自身的业务特点和财务管理需求，合理设置会计科目，并按照规定的账务处理程序进行核算。财务会计通常设置“业务活动费用”“单位管理费用”等科目，用于核算单位在开展业务活动和管理过程中发生的各项费用支出。这些科目按照经济分类进行核算，能够清晰地反映单位支出的构成和用途。预算会计则设置“行政支出”“事业支出”等科目，用于核算单位按照预算安排发生的各项支出。这些科目按照资金性质和功能进行分类核算，能够准确地反映单位预算的执行情况和资金的收支情况。在账务处理方面，单位应严格按照规定的程序进行记账、算账、报账等工作，确保账务处理的准确性和规范性。同时，单位还应加强对账务处理的监督和检查，及时发现和纠正账务处理中存在的问题，确保支出核算工作的质量和效率。

二、行政事业单位成本控制

（一）转变成本控制观念

行政事业单位在发展过程中，管理人员必须先转变以往的管理理念，对于基础资金进行管理时，也应该摆脱以往单一的管理方式，将价值创造和基本费用管理进行有机结合，切实提高行政事业单位的经济效益。对于行政事业单位来说，进行基本费用的管理，其主要目的是通过有效的管理方式，尽量减少行政事业单位在运行过程中的成本支出，提高行政事业单位的经济效益，最终达成行政事业单位发展的目标。因此，相关人员应认识到开展基本费用管理是成本控制的主要内容，包括基本费用目标设定、建立完善的管理体系和费用质量管理等。费用管理的质量也会直接影响到行政事业单位总体的经济效益以及未来发展。所以，针对基本费用进行管控应结合时代快速发展的要求，建立完善的管理体系，调整管理模式，确保基本费用管理工作能够落到实处,切实提高行政事业单位的成本管理水平。

(二)完善成本控制制度

为确保行政事业单位管理目标的顺利实现,必须建立完善的成本管理体系,对自身的成本管理工作进行严格的监督管理,确保成本管理的真实性和有效性。行政事业单位需要提高对成本管理工作的重视程度,对于其重要性进行全面的认识和清晰的分析,树立大数据理念,在大数据技术的背景下,对自身的成本管理与行政事业单位的生存发展等重要内容进行有机结合,结合本单位目前的发展特点以及经营管理的实际状况,建立完善的成本管理制度,进一步优化大数据信息平台,对其具体的应用流程进行明确的说明,切实提高成本管理工作的规范性,保证行政事业单位的管理工作能够顺利开展,真正实现预期的管控目标。

(三)加强成本预算管理

一是成本预算期,在这一阶段需要对行政事业单位的各项成本进行严格的测算,进行成本预算主要包含以下两个方面的内容:第一,工资福利支出,是指行政事业单位在经营过程中,对于执行业务的人员以及管理人员、资金调配、增员减员等人力问题做出预算;第二,商品和服务支出,这一部分主要是指业务在执行过程中所产生的最大成本输出,在编制预算时需要列出明细,将耗材的准确消耗量以及备用量进行有机结合。二是成本控制期。在这一阶段,对于行政事业单位的项目成本和执行状况进行定期核查，并且给出科学合理的管控意见，一旦发现问题，立即调整项目的执行状况，主要包含耗材控制、行政管理以及人员调配等，如果在管理过程中发现浪费等行为，一定要采取严格的管控措施，尽量降低对行政事业单位造成的经济损失。三是成本结算期。仔细检查行政事业单位的预算以及结算成本之间的差异。如果差异过大就需要检查项目执行过程中是否存在浪费或者质量问题；如果二者之间的差异较小，可以根据本单位的财务制度对相关管控人员进行一定的奖惩。进行成本结算时，需要对行政事业单位的财务状况进行有效的总结，不仅是对成本进行结算，还应该不断地总结本次工作过程中的经验，为后续项目的顺利开展打下良好的基础。

（四）提高员工工作效率

行政事业单位进行成本管理时，需要切实提高工作人员的工作效率。与企业相比，行政事业单位的工作具有较强的公益性和服务性。所以，行政事业单位在经营过程中大部分资金的来源都是国家财政拨款，而单位工作人员的薪资福利都来源于国家的财政供应，这也导致行政事业单位的相关工作人员的工作积极性不够高，很容易出现效率过低或者机构臃肿人员冗余的现象。所以，行政事业单位进行成本管理时，需要进一步提高相关工作人员的工作效率，这也是保证成本管理顺利开展的重要手段。行政事业单位在发展过程中需要做到精兵简政，培养一专多能的优秀人才，切实提高个体的工作能力，确保能够充分发挥单位人员的主观能动性，对于思想不端正、工作不够积极的员工按规定进行一定的惩戒，重点提拔优秀职工，确保行政事业单位的运行效率能够得到有效的提升，尽量降低行政事业单位在运行过程中产生的成本。同时，应该对各种复杂的审批流程进行简化，尽量减少不必要的工作环节，对于多余的部门和多余的机构需要尽量精简，对于工作人员进行优化整合，实行一人多岗制，这样就能够从根本上提高成本管控的成效。

第三节　支出效益分析与优化策略

一、行政事业单位支出效益分析

（一）经费自给率分析

经费自给率作为衡量单位收入组织能力与基本支出覆盖程度的核心指标，其计算公式为：经费自给率＝（事业收入＋经营收入＋其他收入）/（事业支出＋经营支出）×100%。这一指标直观反映了单位对财政拨款的依赖程度，是评估单位财务自主性和可持续性的重要依据。若经费自给率偏低，则表明单位在收入结构上存在不足，过度依赖财政拨款可能导致资金使用的灵活性和效率受限。因此，单位需积极优化收入结构，通过拓展非税收入渠道、增加经营性收入等方式，增强自身的“造血”功能。这不仅有助于减轻财政负担，还能提升单位在市场竞争中的适应能力和创新能力，为公共服务质量的提升提供坚实的经济基础。

（二）人员与公用支出结构分析

人员与公用支出结构分析是评估单位支出合理性的重要环节。通过计算人员支出比率和公用支出比率，可以清晰地了解单位在人员经费和业务发展投入上的分配情况。人员支出比率反映了单位在人员薪酬、福利等方面的支出占比，而公用支出比率则体现了单位在办公、设备、维护等公用事业上的投入。合理的支出结构应确保人员经费与业务发展投入之间的平衡，避免人员因支出占比过高而挤占公共服务资源。单位需根据自身业务特点和实际需求，科学规划支出结构，确保每一分资金都能用在刀刃上，为公共服务的有效提供有力保障。

（三）资产负债率分析

资产负债率是衡量单位利用债权人资金开展业务的能力及偿债风险的重要指标，其计算公式为：资产负债率＝负债总额/资产总额×100%。这一指标反映了单位在负债经营中的风险程度，是评估单位财务稳健性的关键指标。保持合理的负债水平对于单位的长期发展至关重要。过高的资产负债率可能增加单位的偿债压力，甚至引发财务风险，影响单位的正常运营和公共服务提供。因此，单位需根据自身实际情况，合理控制负债规模，优化债务结构，确保在利用债权人资金开展业务的同时，保持足够的偿债能力和财务稳健性。

（四）项目产出与效益分析

项目产出与效益分析是评估单位资金使用效率和效果的

重要手段。通过建立项目绩效评价体系,运用产出数量、实际完成率等指标,可以全面评估项目的执行效果和资金使用效益。实际完成率作为衡量项目执行进度的重要指标,其计算公式为:实际完成率=实际产出数/计划产出数×100%。这一指标反映了项目在预定时间内完成计划任务的程度,是评估项目执行效率和效果的重要依据。单位需确保项目资金与产出目标相匹配,避免资金沉淀或浪费。通过加强项目管理、优化资源配置、提高执行效率等措施,不断提升项目产出与效益水平,为公共服务的提升和单位的发展贡献力量。

二、行政事业单位支出优化策略

(一)行政事业单位集约化采购管理,降低采购环节支出

1.区域联采与框架协议

行政事业单位通过区域联采与框架协议,有效降低采购成本。联合周边单位实施集中采购,整合多方采购需求,形成庞大采购规模。众多单位对同类物资或服务的大量需求汇聚,使采购方在市场中拥有更强议价能力。供应商为获取大额订单,会主动降低单价,从而为参与联采的行政事业单位带来显著价格优惠。与优质供应商签订长期框架协议,提前规避采购价格波动风险。在协议期内,无论市场价格如何起伏,单位都能按约定价格采购,避免因价格上涨导致采购成本大幅增加。这种方式为单位采购提供稳定价格预期,便于财务预算精准规划,

确保采购资金合理、高效使用，从源头降低采购环节支出。

2. 数字化采购平台

搭建数字化采购平台是行政事业单位优化采购流程、降低支出的重要举措。数字化采购系统实现供应商比选、合同审批、支付结算全流程线上化。在供应商比选阶段，单位可在线收集多家供应商信息，直观对比其产品质量、价格、服务等关键指标，快速筛选出性价比高的供应商，节省线下调研、谈判时间与成本。合同审批环节，线上流程自动流转，审批人员能及时查看合同内容，依据预设规则快速审核，减少人工传递文件与等待时间。支付结算线上化确保资金支付准确、及时，避免人工操作失误。同时，全流程线上化减少人工干预，降低暗箱操作可能性，保障采购过程公平、公正，提升采购效率，降低采购成本，实现采购环节支出有效控制。

3. 库存动态管控

引入智能仓储管理系统进行库存动态管控，对行政事业单位降低支出意义重大。智能系统实时监控库存水平，利用传感器、物联网等技术，精准掌握库存物资数量、状态等信息。单位可依据实时数据，合理安排采购计划。当库存物资接近安全库存水平时，系统自动预警，提示单位及时采购，避免因缺货影响业务开展。同时，还能有效避免过度采购。以往因库存信息不及时，单位常出现采购过量情况，导致资金长期被占用，物资积压还可能造成损耗浪费。通过库存动态管控，单位按需采购，提高资金周转效率，减少库存成本，降低采购环节不必要支出，实现资源优化配置。

4. 智能报销系统

行政事业单位部署智能报销系统，借助先进技术优化支出管理。系统具备 OCR 识别功能，能快速准确识别发票、报销单等纸质文件信息，自动录入报销系统，减少人工手动录入工作量与误差。电子发票验真功能通过与税务系统对接，实时验证发票真伪，有效防范虚假发票入账，降低单位财务风险。在费用合规性校验方面，系统依据预设报销规则，自动审核费用类型、金额、审批流程等是否合规。如对差旅费报销，自动核对出差行程与报销标准是否匹配。智能报销系统大幅提高报销审核效率，减少人工审核误差，有效遏制虚假报销行为，保障单位支出合理、合规，优化支出管理流程。

（二）行政事业单位以数字化手段优化支出

1. 支出大数据分析

构建支出数据库并运用大数据分析技术，助力行政事业单位防范廉政风险、优化支出。通过聚类分析，将各类支出按性质、金额、时间等维度分类，清晰呈现支出结构与规律。同时，通过分析识别异常支出模式，如高频小额报销可能存在套取资金风险，供应商集中采购可能存在利益输送隐患。单位针对异常情况及时核查、整改，能有效防范廉政风险，保障资金安全，优化支出结构，提升资金使用效益。

2. 移动端审批流程

开发移动端审批 APP，为行政事业单位支出管理带来便捷变革。实现“审批—支付—归档”全流程移动化，审批人员无论身处何地,只要有网络连接,即可通过手机、平板等移动设备随时随地审批报销申请。审批界面简洁直观,申请信息完整呈现,审批操作便捷高效。报销人员提交申请后,审批流程迅速启动,大大缩短报销周期。以往报销需层层递交纸质材料,等待审批时间长,资金长期占用影响单位资金周转。移动端审批使报销流程加速,资金能更快回流,降低资金占用成本。同时,审批记录自动归档,便于后续查询、审计,提升支出管理效率与透明度。

第四章　行政事业单位资产管理

第一节　固定资产管理

一、固定资产的日常管理

固定资产日常管理流程如图 4-1 所示。

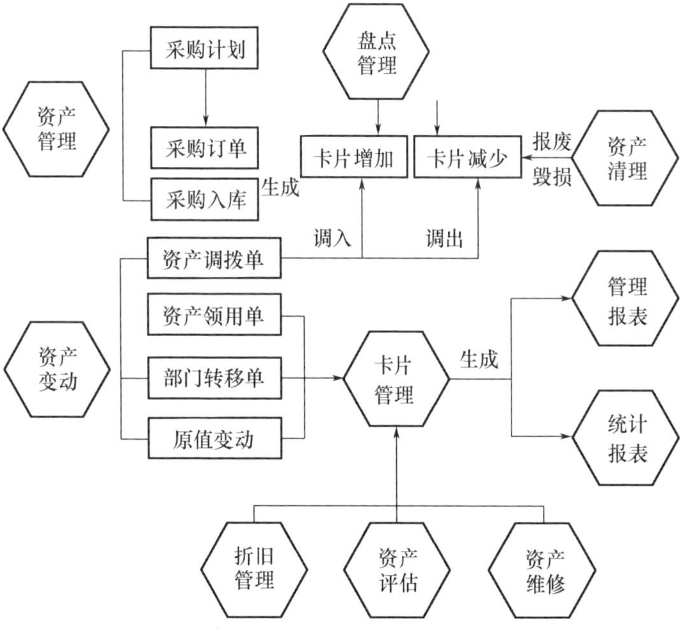

图 4-1　固定资产日常管理流程图

(一)固定资产日常管理的基础工作

1. 验收合格

登记入账的固定资产,财务上要求必须调试验收合格,只有达到可以使用状态的固定资产才能发挥生产效能。没有安装完成的固定设备,在财务的处理上也有相应的规定,要记入“在建工程”项目,作为正式固定资产的一个过渡称谓。

2. 登记品名、规格

行政事业单位对固定资产要进行有效管理,固定资产必须有固定的名称而且名称必须符合行业标准,简明、通俗易记、准确无误。固定资产除名称外还应该有明确的规格,否则随着同类设备的增加,很可能增加识别的难度:一方面,财务会计在建立固定资产台账的时候必须登记固定资产名称、规格;另一方面,对于使用部门的固定资产,必须在醒目的位置张贴固定资产标识,标签上注明与会计账务上相同的名称及规格。

3. 设立固定资产编码

在固定资产较多的单位,其品名、规格的相同或相似,给固定资产的日常管理、盘点、识别带来了许多不便。要解决这个问题,就要建立固定资产编码制度。会计人员对确认的每一项固定资产,都要编制出一个唯一的固定资产编码,将这个编码同时在会计固定资产台账和实物标签中体现出来。

(二)做好固定资产日常管理工作

1. 加强教育,提高认识

资产管理不是资产管理员或哪个人、哪个部门的事,与每个公务人员都息息相关，是每个人的责任。在系统内要加强教育，增强全体人员的责任意识倡导“勤俭节约，爱护公物”的风气，树立以单位为家的意识，尽可能地保护资产的完好，做到物尽其用，延长资产的使用寿命，提高资产使用效率。

2. 完善制度，规范流程

一是规范资产入库登记制度，严把数量关、质量关。采购小组对计划购置的设备，特别是电子设备和专用设备等，在设备的规格、型号、内部配置及其他技术要求方面要进行细致的验收，必要时要聘请专业技术人员协助验收，以提高实物资产验收的工作质量。

二是规范资产的领用交回制度，完善资产转移手续。新购置的资产出库时要让资产使用单位和使用人对数量、质量和规格等内容进行确认。内部调拨的资产以及资产暂时不需要或不能交回时，在资产转移前，要按照出库单的相关内容进行先查验后移交，参与资产移交的双方要在数量、质量和规格等方面进行确认。资产内部调拨时要有调拨单，资产交回时则以入库单的形式详细记录资产转移手续。

三是规范资产保管清查制度。资产的保管工作必须在单位提供专门场所和指定专人负责的前提下进行，除对保管的资产做到数量清、质量清、规格清、存放有序以外，还要做好资产保管的规范统计，资产的维修登记、报废鉴定等工作。要保证每年对实物资产进行清查盘点，特别是在基层单位负责人调整时，更应履行资产盘点和移交手续，始终保持卡片信息与实物资产的真实、统一。在资产的定期盘点中，资产管理员要认真撰写现有资产的存量、结构和使用状况报告，对闲置的资产以及利用率不高的资产要提出合理调配计划，使单位领导对资产管理情况有比较全面的了解，以充分提升资产的使用价值。

四是完善资产维护保养制度。资产的维护保养主要是资产使用单位或资产使用人的职责，但各单位的资产管理办法和实施细则中往往只有条款式的规定，对资产要维护保养什么、有哪些要求等，则不够清楚。资产管理员应根据资产的类型、技术要求、操作规程等，在工作要点、流程等方面对资产的维护保养做出明确规定，特别是对车辆、电子设备、电气设备等贵重、精密的资产要进行定期的维护与保养。资产管理员要制订资产维修计划，检查并改善资产的使用状况，减少资产的非正常损耗，延长国有资产的使用寿命。

3. 及时建档，完善资料

加强固定资产档案资料的日常积累，建立与完善固定资产档案，使资产管理的基础性工作更加规范化。财务部门要在资产入账时，严把审核关，保证资产的购置、验收入库及出库等手续齐全，并对相关凭证和资料进行日常积累和整理，与行政部门协调配合，随时掌握资产的存量结构和使用状况，为资产信息统计上报、资产处置及资产的动态管理等做好基础性工作。

4. 全程监督，实施奖惩

资产管理员要按照工作职权和管理制度的要求，对资产进行全程监控。资产管理员要参与资产购建和流转的每一个环节，对验收入库的资产要进行详细登记和信息录入，做到数量清、质量清、规格清，并掌握资产管理的整体情况。同时，要将资产的日常监管、常规使用与维护保养等工作，作为每个单位及个人年度考核的内容之一，对因责任心不强、管理不善造成损失的要按有关规定进行处理；对工作做得好的，应给予表彰，并在评先评优等方面优先考虑，激发其工作热情和责任心，从而不断提高资产管理水平。

二、固定资产购建与处置的管理

（一）固定资产购建的管理

1. 购入的固定资产管理

按照实际支付的买价和调拨价及运杂费、安装费和交纳的有关税费等计价。行政事业单位应当根据自身工作需要和财力，认真研究，科学论证，编制年度固定资产采购计划，经单位领导审批，主管部门同意，报财政部门批准后列入当年预算，并在批准的范围内购置固定资产。单位购置贵重精密固定资产应当事先进行可行性论证，提出各种不同方案，择优选用。单位购买属于控制范围的商品，必须按照控制社会集团购买力的有关规定办理，执行政府采购制度。对购入的固定资产，应由单位资产管理部门组织验收；对购置的专业设备、贵重精密设备（仪器）等，应当会同有关专业技术人员进行验收。经验收合格后，资产管理部门要填制固定资产验收单，办理固定资产入库手续；财务部门要填制记账凭单，计入固定资产总账。

2. 基建投资建设完工验收后的固定资产管理

基本建设项目竣工交付使用时，施工单位应当按照规定办理基本建设竣工决算,并编制完工清册,逐项注明完工财产的数量和价值。同时,按照规定将有关技术文件交给建设单位。行政事业单位的项目由单位资产管理部门组织验收。经验收合格的项目,应填制基本建设工程完工项目验收单,登记固定资产账簿、卡片;财务部门办理与购入固定资产相同的入账手续。

(二)固定资产处置的管理

1. 行政事业单位固定资产处置的概念及范围

行政事业单位固定资产处置,是指固定资产的无偿转让、出售、置换、报损、报废等。其范围包括:闲置资产;因技术原因并经科学论证,确需报废淘汰的资产;因单位分立、撤销、合并、改制、隶属关系改变等原因发生产权或者使用权转移的资产;盘亏、呆账及非正常损失的资产;已超过使用年限无法继续使用的资产;根据国家政策规定需要处置的资产。

2. 行政事业单位固定资产处置的程序

(1)行政单位固定资产处置程序

行政单位固定资产处置应当由行政单位资产管理部门会同财务部门、技术部门审核鉴定,提出意见,按审批权限报送审批。

(2)事业单位固定资产处置的程序

(基本流程同上)

(3)事业单位固定资产价值或者批量价值在规定限额以上的,应先经主管部门审核,然后报同级财政部门审批;规定限额以下的固定资产，只需报主管部门审批，主管部门将审批结果定期报同级财政部门备案。“规定限额”要根据各级政府的规定而定，一般指原值在 1 万元以上（含 1 万元）或年度内总额在 5 万元以上的固定资产。

3. 行政事业单位固定资产处置收入的会计核算方法

行政事业单位固定资产处置的变价收入和残值收入属于国家所有，按照政府非税收入管理的规定，应及时全额上缴财政非税收入专户，实行“收支两条线”管理，严禁坐支和挪作他用。

第二节　流动资产管理

一、现金与银行存款管理

（一）现金管理

1. 库存现金限额的管理

库存现金限额是指国家规定由开户银行给各单位核定一个保留现金的最高额度。核定单位库存现金限额的原则是，既要保证日常零星现金支付的合理需要，又要尽量减少现金的使用。开户单位由于经济业务发展需要增加或减少库存现金限额的，应按必要手续向开户银行提出申请。

凡在银行开户的独立核算单位都要核定库存现金限额；独立核算的附属单位，虽然没有在银行开户，但需要保留现金，也要核定库存现金限额，其限额可包括在其上级单位库存限额内。

库存现金限额的计算方式一般是：

库存现金=前一个月的平均每天支付的数额（不含每月平均工资数额）×限定天数

库存现金限额的核定管理是为了保证现金的安全，规范现金管理，同时保证开户单位现金的正常使用。按照《现金管理暂行条例》及实施细则规定，库存现金限额由开户银行和开户单位根据具体情况商定，凡在银行开户的单位银行应根据实际需要核定3~5天的日常零星开支数额作为该单位的库存现金限额。

库存现金限额每年核定一次，经核定的库存现金限额，开户单位必须严格遵守。此外，库存现金限额经银行核定批准后，开户单位应严格遵守每日现金的结存数不得超过核定的限额的要求。如库存现金不足限额时，可向银行提取现金，不得在未经开户银行准许的情况下坐支现金。库存现金限额一般每年核定一次，单位因生产和业务发展、变化需要增加或减少库存限额时，可向开户银行提出申请，经批准后，方可进行调整，单位不得擅自超出核定限额增加库存现金。

2. 现金的日常管理要求

各单位实行“收支两条线”，不准坐支现金。所谓“坐支”现金，是指行政事业单位和机关、团体、部队从本单位的现金收入中直接支出现金。各单位现金收入应于当日送存银行，如当日确有困难，由开户单位确定送存时间。如遇特殊情况需要坐支现金,应在现金日记账上如实反映坐支情况,并同时报告开户银行,以便银行对坐支金额进行监督和管理。

企业送存现金和提取现金,必须注明送存现金的来源和支取的用途,且不得私设“小金库”。

根据《现金管理暂行条例》及其实施细则,开户单位必须建立健全现金账目,逐笔记载现金收付,账目要日清月结,做到账款相符,即:第一,不准用不符合财务制度的凭证顶替库存现金;第二,不准单位之间互相借用现金;第三,不准谎报用途套取现金;第四,不准利用银行账户代其他单位和个人存入或支取现金;第五,不准将单位收入的现金以个人名义存作储蓄;第六,不准保留账外公款(小金库);第七,禁止发行变相货币,不准以任何票券代替人民币在市场上流通。

3. 建立健全现金管理制度

(1)钱账分管制度

钱账分管即管钱的不管账,管账的不管钱。配备专职出纳员,负责办理现金收、付和保管业务,非出纳人员不得经管现金收、付和保管业务。

严格遵守《现金管理暂行条例》及其实施细则的规定。

(2)现金必须及时交库

各业务部门收入的现金,应于当天送交财务部门,不得挪用、挤占和将公款私存银行。

(3)坚持日清日结

出纳员办理现金出纳业务,必须做到按日清理、按日结账,结出库存现金账面余额,并与库存现金实地盘点数核对相符

(4)坚持现金盘点制度

出纳自身盘点,应由领导以及有关业务人员定期抽查盘点,重点检查账款是否相符,有无白条抵库、有无私借公款、有无挪用公款、有无账外资金等行为。

(5)规定库存现金限额

实际库存现金超过库存限额时,出纳员应将超过部分及时送存银行;实际库存现金低于库存限额,应及时补提现金。

(二)银行存款管理

银行存款是指行政事业单位存放在银行或者非银行金融机构的货币资金。加强银行存款管理,必须按如下要求进行:

各类货币资金应根据资金性质或业务需要,开设银行账户进行结算。财务部门应设置银行存款分户账,逐日记录收、支、结存情况,每月与银行对账单核对,编制未达账款调节表,保持账账相符。

财务部门收到各业务部门的各种银行收入的结算票据,填写进账单并及时送存银行。在银行确认收妥后,经办的业务部门方可办理业务结算手续;在款未收妥之前,不可办理钱物交易的结算手续。

各类银行存款的支票预留印鉴和密码,由财务负责人和出纳人员分别掌握,不得向其他部门或个人借用、泄露。如因借用、泄密造成的经济损失应由财务部门查明原因,追究借用者、泄密者的赔偿责任。

使用现金支票,无论是对外支付款项还是补充库存,均由财务负责人或其指定人签发。

使用转账支票,应由经办部门或经办人员持填写借据和结算凭证(包括购货发票、账单、收据等),经财务负责人和单位负责人签字同意后,由出纳开出转账支票。凡不能预先取得结算凭证,需要借用空白支票的,需填写借据,经财务负责人和单位负责人签字同意后,由经办人员在出纳员处办理借(领)用款手续,并在支票有关栏目填写签发日期、用途和限额,方可借出。借出的转账支票如发生丢失现象,经办人员应及时向财务部门报告,并向银行办理挂失手续。支票丢失造成的经济损失,应由丢失人赔偿,特殊情况可由财务部门根据具体情况提出处理意见,经单位负责人或上级批准后处理。需采用银行汇票、商业汇票、银行本票、汇兑、委托收款、信用证、托收承付等结算形式办理收、付款项的,同领用转账支票程序。

业务经办人员借领的空白支票和财务部门办理的各种汇票,经办人员必须在规定期限内办理有关入库审批和报销手续,月终前必须将支票存根和未使用的支票交回财务部门。未按规定及时清理者,财务部门有权拒绝对其办理支票再借领手续。

严格执行银行结算规定。任何人不得出租或出借银行存款账户;不准签发空头支票和远期支票;不得弄虚作假,套取现金和银行信用卡。否则,由此造成的罚款等损失由责任人赔偿。

二、应收及预付款项管理

(一)应收票据

应收票据是指单位持有的、尚未到期兑现的商业票据。商业票据是有一定付款日期、付款地点、付款金额和付款人的无条件支付的流通证券。商业票据可以按不同的标准进行分类：第一，按能否立即兑付，分为即期票据和远期票据。即期票据见票即付，远期票据则须到指定的付款日期才能兑付；第二，按是否附息，分为附息票据和无息票据。附息票据到期时除需支付票据面额外，还需按票面规定的利率支付利息，无息票据到期时只需支付票据面额。

（二）应收账款

应收账款是指单位因销售商品、提供劳务等经营活动，应向购货单位或接受劳务单位收取的款项，主要包括销售商品或提供劳务等应向有关债务人收取的价款及代购货单位垫付的包装费、运杂费等。

（三）预付账款

1. 职责分工制度

各级人员都应有严密的办事手续制度。例如，记账人员、开具销货发票人员不应兼任出纳员；票据保管人员不得经办会计记录。

2. 严格的审批制度

例如，各种赊销预付，接受顾客票据或票据的贴现换新，都应按规定的程序批准。

3. 健全的凭证保管、记录和审核制度

客户的借款凭证必须妥善审查保管，做好明细记录并及时

登记入账，凭证的收入和支出必须经过审查。

4. 及时的货款对账、清算和催收制度

对应收及预付账款应及时进行排队分析。针对逾期账款采取不同措施，努力促使账款及时、足额清算和回收。对经办人员建立责任制度，加强各项账款的催收工作。

5. 严格的审查和管理制度

对预付账款的协议、合同应严格审查，对销货退回和折让、票据贴现和坏账转销应加强审核和管理。

（四）财政应返还额度

财政应返还额度是指实行国库集中支付的行政事业单位，年终应收财政返还的资金额度。核算财政国库管理制度改革单位年终结余资金的账务处理，具体应以主管财政机关的核定结果为依据，可采用财政直接支付、财政授权支付的方式核算。

实行财政直接支付，年终结余资金账务处理时，借方登记单位本年度财政直接支付预算指标数与财政直接支付实际支出数的差额，贷方登记下年度实际支出的冲减数。

第三节　净资产管理

一、净资产管理内容

（一）固定基金

固定基金在行政单位净资产管理中关联固定资产，是行政单位固定资产所占用的基金。鉴于行政单位不计提固定资产折旧这一特性,固定基金期末余额与固定资产期末余额始终相等。管理固定基金时,紧密结合固定资产清查盘点工作,定期对固定资产进行全面清查,逐一核对资产账目与实际资产状况。清查过程中,仔细检查资产数量、使用状态等,确保每一项固定资产在账面上都有准确记录,做到账账相符,即固定资产总账与明细账一致;账实相符,即账面记录与实际资产情况一致。通过严谨的清查盘点,保障固定基金核算准确,真实反映行政单位固定资产占用基金情况,为单位资产管理提供可靠数据支撑,确保国有资产安全完整。

(二)结余

结余是行政单位收支相抵后的剩余部分,分为经常性结余和专项结余。经常性结余源于经常性收入与经常性支出相抵,反映单位日常运营收支平衡状况。专项结余则是专项资金收入与支出的差额,关乎特定项目资金使用结果。按规定,行政单位超支不补,结余全额结转下年。对于未完成项目的专项结余,下一年度继续用于专项支出,保障项目持续推进。已完成项目的专项结余,需报经主管预算单位或财政部门批准后,方可用于经常性支出。这种结余管理方式,既保证专项项目资金专款专用,又合理调配资金,维持单位财务收支稳定,使资金在不同年度和项目间合理流转,提升资金使用效益。

(三)专用基金

专用基金是事业单位按规定提取或设置、具有专门用途的资金,像职工福利基金、医疗基金等。在管理专用基金时,严格遵循规定计提标准进行计提操作,确保资金来源合规。秉持先提后用原则,保证资金有充足储备再用于相应支出。专设账户进行核算,安排专人负责管理,确保账目清晰、责任明确。实施计划管理,依据单位实际需求和发展规划,制订资金使用计划,合理安排资金用途。坚持专款专用,杜绝资金挪用现象,使专用基金精准用于职工福利改善、医疗保障提升等特定领域,切实发挥专用基金对事业单位稳定运行与员工权益保障的积极作用。

(四)事业基金

事业基金作为事业单位非限定用途的净资产,包含一般基金和投资基金。一般基金是历年累计的未分配结余资金,涵盖历年专项结余资金,是单位长期运营积累的成果体现。投资基金则是事业单位以货币、实物、无形资产对外投资所占用资金。一般基金不直接用于各项支出,主要功能是弥补以后年度收支差额,在单位预算中发挥平衡调节作用,保障单位财务平稳运行。投资基金因已用于对外投资,无法直接用于日常支出与弥补收支缺口。清晰区分两者用途,有助于事业单位合理规划资金运用,实现净资产有效管理,推动单位事业持续发展。

二、净资产管理方式

(一)建立健全资产管理信息系统

建立健全资产管理信息系统是提升行政事业单位净资产管理效率的重要手段。在全面清理核实资产的基础上,搭建财政部门、主管部门和行政事业单位相互关联的信息系统。该系统实时录入、更新资产信息,涵盖资产购置、使用、处置等各环节数据。通过信息化手段,实现资产动态管理,各部门可随时查询资产状况,如资产数量、价值、使用人等信息。财政部门能全面掌握资产总体情况,为宏观决策提供数据依据;主管部门可有效监督下属单位资产;行政事业单位自身能高效管理本单位资产,及时发现资产闲置、流失等问题,提高资产管理精细化水平,提升资产运营效益。

(二)完善资产配置标准体系

完善资产配置标准体系旨在提升行政事业单位资产配置科学性。加强资产配置预算管理,将资产管理与预算管理紧密结合。依据单位职能、人员编制、业务需求等因素,制定详细资产配置标准,明确各类资产配置数量、规格、价格区间等。在编制预算时,严格按照标准审核资产购置申请,避免盲目购置与资源浪费。通过科学合理配置资产,确保资产与单位业务需求匹配,做到物尽其用,提高资产使用效率,优化单位资源配置结构,使有限资产发挥最大效能,支撑单位各项工作顺利开展,促进单位整体运行效益提升。

(三)加强资产审核监督工作

加强资产审核监督工作是保障行政事业单位资产合理分配与高效使用的关键。完善内部监督机制,设置专门监督岗位或小组,对资产采购、入库、使用、处置等全流程进行监督,确保资产操作规范、手续完备。强化外部监督,引入审计、社会监督等力量，定期对单位资产进行审查。通过内外监督协同，及时发现资产分配不合理、使用效率低等问题，如资产闲置、违规处置等情况。监督结果促使单位及时调整资产分配与使用策略，提高资产使用效率，杜绝人为破坏资产行为，维护国有资产安全与完整，保障单位资产运营健康有序。

（四）提高管理者在资产方面的管理意识

提高管理者资产方面管理意识对行政事业单位资产管理至关重要。通过培训提升管理者资产管理知识水平，了解资产核算、配置、处置等专业知识，使其熟悉资产管理流程与要点。开展考核，将资产管理工作成效纳入管理者绩效考核体系，激励管理者重视资产管理。管理者意识提升后，能积极推动单位资产管理工作，如加强制度建设、合理规划资产配置、监督资产使用等。在管理者的带领下，全体员工将会更加重视资产管理，形成良好的资产管理氛围，从而提高单位整体管理效率，保障国有资产的保值增值，促进单位的稳定发展。

第四节　无形资产与对外投资管理

一、无形资产的管理

（一）无形资产的内容

1. 专利权

专利分为发明、实用新型、外观设计三种类型。自申请日起计算,发明专利权的期限为二十年,实用新型专利权的期限为十年,外观设计专利权的期限为十五年。专利权人在取得专利权后在有效期限内享有专利的独占权。

2. 商标权

商标是用来辨认特定商品和劳务的标记,代表着企业的一种信誉,具有相应的经济价值。根据《中华人民共和国商标法》的规定,注册商标的有效期限为十年,自核准注册之日起计算。

3. 著作权

著作权又称版权,指作者对其创作的文学、科学和艺术作品依法享有的某些特殊权利。著作权包括两方面的权利,即精神权利(人身权利)和经济权利(财产权利)。前者指作品署名、发表作品、确认作者身份、保护作品的完整性、修改已经发表的作品等权利,包括发表权、署名权、修改权和保护作品完整权;后者指以出版、表演、广播、展览、录制唱片、摄制影片等方式使用作品,以及因授权他人使用作品而获得经济利益的权利,包括复制权、发行权、表演权、展览权、出租权等。

4. 土地使用权

土地使用权是单位按照法律规定所取得的在一定时期内对国有土地进行开发、利用和经营的权利。

5. 商誉

商誉是指能在未来为企业经营带来超额利润的潜在经济价值,或一家企业预期的获利能力超过可辨认资产正常的获利能力(如社会平均投资回报率)的资本化价值。商誉是单位整体价值的组成部分。

（二）无形资产的管理方式

1. 设置无形资产管理部门，配备专门的无形资产管理人员

一般来讲，行政事业单位应设置专门的无形资产管理部门，配备专门的无形资产管理人员对单位的无形资产进行综合、全面、系统的管理。无形资产管理部门的主要职能包括：对所有无形资产的开发、引进、投资进行总的控制；就无形资产在生产经营管理中实施应用，协调与单位内部其他职能部门的关系；协调与单位外部国家有关专业管理机构的关系；协调本单位与其他单位的关系；维护单位无形资产资源安全完整；考核无形资产的投入产出状况和经济效益情况。

2. 设计专门的无形资产管理制度

设计专门的无形资产管理制度，包括无形资产开发方面的管理制度和无形资产权益（权益取得、维护、保护）方面的管理制度，无形资产对外许可转让、合作管理制度，无形资产档案管理制度，无形资产奖惩管理制度，无形资产投入产出考核制度，无形资产融资管理制度，无形资产评估管理制度，无形资产监控制度，无形资产审计管理制度，无形资产国际权益管理制度，无形资产投资管理制度等。它涉及技术开发管理、市场营销、工商管理、财务管理（含会计核算）、对外经济技术合作、情报信息管理、质量管理等若干领域。

3. 使用专门的无形资产管理工具

行政事业单位可以采用现代无形资产信息系统，将无形资产的管理、监控与经营业绩的考核结合起来，为各单位无形资产管理提供一个科学的模式。

二、对外投资管理

（一）投资决策阶段

1. 可行性研究

可行性研究是行政事业单位对外投资决策的首要且关键环节。针对投资项目，需从多维度进行全面剖析。市场前景分析聚焦项目所涉产品或服务在目标市场的需求状况、竞争态势及未来发展趋势。深入调研市场规模大小、增长潜力，判断项目是否契合市场需求，能否在竞争中脱颖而出。在技术可行性层面评估项目所依托技术的成熟度、先进性以及可持续性，考量技术是否易于获取、应用，有无技术瓶颈阻碍项目推进，确保在技术上具备实施条件。财务效益分析则通过严谨财务预测，估算项目投入成本、预期收益及投资回收期等关键指标。对收入来源、成本构成进行细致分析，运用财务模型测算投资回报率，判断项目是否具备经济可行性。通过综合分析，形成翔实可行的报告，为后续投资决策提供坚实依据，降低投资盲目性。

2. 集体决策

集体决策在行政事业单位对外投资决策中起着重要的把关作用。单位领导班子汇集各方智慧与经验，对投资项目展开深入讨论。围绕可行性报告内容，从单位战略规划、资源配置、风险承受能力等多角度权衡利弊。对投资金额的确定，需结合单位财务状况、资金储备以及投资目标,确保投资规模适度,不影响单位正常运转。投资方式选择,如直接投资、间接投资等,需考量项目特点、风险偏好等因素。投资期限设定要兼顾项目周期、资金流动性需求。经过充分讨论后,形成书面决议,明确各项投资关键要素。书面决议具有权威性与可追溯性,规范投资决策流程,避免个人主观决策带来的风险,保障投资决策科学合理,符合单位整体利益。

3. 资产评估

当行政事业单位以实物、无形资产等非货币性资产进行对外投资时,资产评估不可或缺。应委托具备专业资质的评估机构,利用其专业知识与丰富经验开展评估工作。对于实物资产,评估机构详细核查资产数量、质量、使用状况等,采用合适评估方法,如市场法、成本法等,确定资产现行市场价值。针对无形资产,如专利技术、商标权等,评估其技术含量、市场认可度、预期收益能力等,运用收益法等专业评估手段估算价值。准确评估资产价值,一方面保障国有资产保值增值,防止资产低价外流;另一方面为投资交易定价提供客观依据,使投资双方在公平合理基础上达成合作,维护单位合法权益,确保对外投资交易的公正性与合理性。

(二)审批备案阶段

1. 主管部门审核

行政事业单位完成投资决策相关准备工作后,需将投资申请、可行性报告、资产评估报告等关键材料报主管部门审核。

主管部门从行业管理、政策导向以及单位整体发展等多维度进行审查。对于投资申请，关注投资项目是否符合单位职能定位与发展规划，是否与行业政策方向一致。审核可行性报告，重点审查市场分析是否透彻、技术方案是否可行、财务预测是否合理，判断项目在行业内的可行性与发展潜力。资产评估报告审查则聚焦评估机构资质、评估方法合理性以及评估价值准确性，确保国有资产价值评估公正客观。主管部门通过严谨审核，为后续财政部门审批提供专业意见，把控投资项目初步合规性，保障投资活动有序推进。

2. 财政部门审批

主管部门审核通过后，投资项目进入财政部门审批环节。财政部门从财政资金管理、国有资产管理等宏观层面进行审批。审查投资项目对财政资金的影响，评估项目投资是否符合财政资金使用效益原则，是否在财政预算可承受范围内。在国有资产管理方面，关注投资行为是否遵循国有资产保值增值要求，投资决策流程是否规范，资产处置是否合规。财政部门综合考量多方面因素，对投资项目进行全面审查，确保投资活动符合财政政策法规，保障国有资产安全与合理利用，为行政事业单位对外投资提供最终合规性审批，使投资项目在合法合规框架内得以实施。

（三）投资实施阶段

完成投资后，及时办理国有资产产权登记手续意义重大。产权登记是对国有资产权属的法律确认，明确行政事业单位对投资形成资产的所有权与相关权益。单位应依据规定程序，向产权登记管理部门提交投资相关文件、合同协议、资金拨付凭证等资料，详细登记投资资产的基本信息、投资金额、产权变动情况等。通过产权登记，建立完善国有资产产权档案，便于国有资产管理部门对资产进行监管，保障国有资产产权清晰，防止产权纠纷，维护国有资产安全与完整，确保行政事业单位对外投资资产纳入规范管理体系。

（四）投资管理阶段

1. 日常监管

日常监管是行政事业单位对外投资管理中的核心环节，旨在通过系统化、常态化的监督机制，保障投资资产的安全性与收益稳定性。具体而言，需建立被投资企业的动态监测体系，定期对其经营状况进行全面分析，包括但不限于市场份额变化、产品竞争力、技术研发能力等关键指标，以判断其长期发展潜力。同时，财务状况的跟踪需覆盖资产负债表、利润表及现金流量表等核心报表，重点关注盈利能力、偿债能力及现金流健康度，及时发现潜在财务风险。此外，需强化信息披露的规范性，要求被投资企业定期提交经营报告与财务数据，并通过实地考察、第三方审计等方式验证信息真实性。监管过程中应建立风险预警机制，设定关键指标阈值，当被投资企业出现经营异常或财务指标偏离预期时，及时启动应急预案，通过调整投资策略、追加担保措施或引入专业管理团队等方式降低损失风险。日常监管的最终目标是形成“监测—评估—反馈—调整”的闭环管理流程,确保投资活动始终处于可控状态。

2. 收益管理

收益管理是行政事业单位对外投资价值实现的关键环节,需通过制度化流程确保投资收益的时效性。这就需要依据投资合同条款明确收益分配方式,包括固定收益、分红比例及收益支付时间等核心条款,并在合同签订前进行法律合规性审查。收益收取需建立台账管理制度,详细记录每笔收益的到账时间、金额及来源,确保资金流向可追溯。对于纳入单位预算管理的收益,需严格遵循财政部门的相关规定,及时足额上缴国库或按规定比例留存使用,严禁坐收坐支或违规挪用。同时,需建立收益再投资机制,对留存收益进行科学规划,优先用于补充单位流动资金、偿还债务或支持重点项目建设,形成“投资—收益—再投资”的良性循环。此外,收益管理需与绩效考核挂钩,将投资收益完成情况纳入单位年度考核指标体系,激励管理人员提升投资效益。通过收益管理的精细化运作,既能保障国有资产保值增值,又能为单位发展提供稳定的资金支持。

(五)投资退出阶段

1. 到期退出

在投资合同到期前,应成立专项工作小组,提前启动退出准备工作,包括被投资企业资产评估、债权债务清理及法律文件审查等。资产清算需委托具有资质的第三方机构进行,确保估值结果公允合理;股权转让需通过产权交易平台公开挂牌,遵循市场化定价原则，避免国有资产流失。退出过程中需重点关注税务筹划，合理利用税收优惠政策降低退出成本。同时，需建立退出档案管理制度，完整保存投资合同、评估报告、交易凭证等关键文件，为后续审计与追溯提供依据。到期退出的核心目标是实现国有资产的有序退出，通过市场化手段优化资源配置，提升资金使用效率。

2. 提前退出

提前退出是应对被投资企业经营风险或战略调整的必要手段，需以集体决策为前提，确保退出决策的科学性与合规性。当被投资企业出现持续亏损、重大违规或市场环境发生不可逆变化时，应启动提前退出评估程序，通过财务分析、法律尽职调查及行业趋势研判，综合判断退出必要性。决策过程中需充分听取法律顾问、财务专家及行业主管部门的意见，形成书面论证报告。退出方案需报主管部门及财政部门审批，重点说明退出原因、退出方式及预期损失等内容，获得批准后方可实施。提前退出需注意风险控制，通过资产保全、债务重组或诉讼追偿等方式最大限度减少损失。

第五节　资产全生命周期管理

一、行政事业单位资产全生命周期规划阶段

（一）需求分析

各部门应全面梳理工作流程与任务量，考量未来业务拓展

方向，精准确定所需资产类别与数量。对于办公设备，要依据人员规模、工作强度以及信息化办公需求，明确电脑、打印机、复印机等的配备标准。针对专业设备，像科研机构的实验仪器、医疗机构的诊疗设备等，需结合业务技术要求、服务对象数量与范围，科学评估所需设备的性能参数、型号规格。同时，还应综合考虑资产的更新换代周期，避免过早淘汰或过度陈旧，确保资产配置既能满足当下工作需要，又能适应未来一定时期内业务发展变化，实现资产利用效益最大化，为单位高效履行职能提供坚实的物质基础。

（二）采购计划

在既定预算框架内，要全面梳理预算资金额度，明确各项资产采购的资金分配。依据需求分析结果，按资产的轻重缓急合理安排采购顺序。确定采购方式时，充分权衡资产特性、市场竞争状况以及采购成本等因素。对于通用性强、标准化程度高的资产，可采用公开招标方式，以引入竞争，获取优质性价比产品；对于技术复杂、定制化程度高的资产，可考虑竞争性谈判，确保采购产品精准契合业务需求。详细规划时间节点，从采购项目立项、招标文件编制、发布招标公告，到开标、评标、定标以及合同签订、资产交付等各个环节，都设定明确的时间期限，确保采购工作有序推进，避免因流程拖沓影响单位正常运转，使资产能够按时到位投入使用。

二、采购阶段

（一）供应商选择

通过规范的公开招标、竞争性谈判等多元方式，严格筛选优质供应商。公开招标时，广泛发布招标信息，吸引众多潜在供应商参与竞争。制定详细且科学的评标标准，涵盖产品质量、价格、交货期、售后服务等关键要素。在开标、评标过程中，严格遵循既定程序，确保公平、公正、公开。对于竞争性谈判，组建专业谈判小组，与符合条件的供应商就技术要求、商务条款等进行深入谈判，促使供应商不断优化方案与报价。全面考察供应商的资质信誉，包括企业规模、生产能力、过往业绩、行业口碑等。同时，关注供应商的研发创新能力，以便获取具有先进技术、更适配业务发展的资产。综合多方面因素，优中选优，确定长期稳定、能提供高品质产品与服务的供应商，为单位资产采购筑牢质量根基。

（二）资产验收

成立由专业技术人员、资产管理人员以及使用部门代表组成的验收小组。依据采购合同、技术协议以及相关质量标准，对资产进行全面细致检查。对于设备类资产，不仅要查验外观是否完好、有无损坏或瑕疵，更要进行性能测试，确保设备运行稳定、各项技术指标达标。对于软件类资产，要检查软件功能是否与合同约定一致，是否存在漏洞或兼容性问题。仔细核对资产的规格型号、数量、配件等是否与采购清单完全相符。对验收过程中发现的任何质量问题，及时与供应商沟通协调，要求其限期整改或换货，坚决杜绝不合格资产流入单位，切实维护单位权益，保证资产后续能够正常投入使用，发挥应有效能。

三、使用阶段

（一）资产登记

对资产展开详尽登记，构建完备的资产台账。资产台账需精准记录资产的基本信息，诸如资产名称、品牌、规格型号、购置时间、购置价格、生产厂家等。明确资产的使用部门与使用人，确保资产责任落实到具体个体。对于大型资产或关键设备，还应记录资产的使用说明、维护手册等相关资料信息，方便后续维护管理。采用信息化手段建立电子资产台账，实现资产信息实时更新与共享，便于单位各部门随时查询、掌握资产动态。资产登记过程中，要严格审核资产信息的准确性与完整性，避免错登、漏登现象发生。规范资产编号管理，为每一项资产赋予唯一标识，便于资产清查盘点与日常管理，为资产全生命周期管理提供准确翔实的数据支撑。

（二）定期盘点

制订科学合理的盘点计划，明确盘点周期，一般可按季度或年度进行全面盘点。盘点时，由资产管理人员牵头，联合使用部门、财务部门等相关人员共同参与。以资产台账为依据，逐一核对资产实物，检查资产的存放地点、使用状况是否与登记信息一致。对于盘盈资产，要深入调查原因，追溯资产来源，及时补充登记入账；对于盘亏资产，详细查明责任主体与损失原因，依据单位相关规定进行处理。盘点结束后，撰写详细的盘点报告，对盘点结果进行分析总结，针对发现的问题提出整改措施与建议，完善资产管理制度与流程，不断提升资产使用管理水平，保障单位资产安全完整，提高资产使用效益。

第五章　行政事业单位负债管理

第一节　负债分类与确认原则

一、行政事业单位负债的分类

（一）流动负债

流动负债是行政事业单位在1年以内（含1年）需要偿还的债务，具有短期性和高流动性特征。它包括应缴款项、应付及预收款项、借入款项等。应缴款项是单位依法应上缴财政或税务部门的资金，涵盖应缴财政款（如行政性收费、罚没收入等）和应缴税费（如增值税、所得税等），需及时足额上缴以保障财政资金规范运行。应付及预收款项反映单位在日常运营中形成的短期债务，如应付职工薪酬需按月计提并按时发放，确保员工权益；应付账款用于核算采购物资或服务后尚未支付的款项，需与供应商定期对账以维护合作关系；预收账款则是单位提前收取的服务费或货款，需按合同约定提供服务或交付商品。借入款项中的短期借款主要用于弥补临时性资金缺口，需严格审批并控制规模，避免过度依赖外部融资。流动负债的管理需强化预算约束，确保资金链稳定，同时通过优化支付流程、加强应收账款回收等措施,降低短期偿债压力,防范流动性风险。

(二)非流动负债

非流动负债是行政事业单位偿还期限超过1年的债务,具有长期性和稳定性特征。它包括长期借款、长期应付款和受托代理负债。长期借款是单位为满足长期资金需求(如基础设施建设、设备购置等)向金融机构借入的资金,需签订明确的借款合同并约定还款计划,同时需承担利息支出。长期应付款主要源于融资租赁形成的债务,单位通过分期支付租金的方式获取资产使用权,需在资产负债表中单独列示并披露相关信息。受托代理负债是单位接受委托方委托取得受托代理资产(如捐赠资产、专项资金等)而形成的负债,需严格按照委托方意愿管理和使用资产,并及时向委托方报告资产使用情况。非流动负债的管理需注重债务结构优化,通过合理配置长期与短期债务比例的方式,降低资金成本。同时需加强债务风险监测,定期评估偿债能力,确保债务规模与单位综合财力相匹配。此外,还需强化信息披露,提高债务透明度,接受社会监督,防范道德风险。通过科学有效的非流动负债管理,可保障单位长期稳健发展。

二、行政事业单位负债的确认原则

(一)符合负债定义

1. 现时义务

行政事业单位的负债界定于现行条件下已切实承担的义

务范畴。这意味着负债的产生基于当下已存在的经济业务或事项,而非对未来不确定情况的预先假设。未来尚未发生的经济业务所可能衍生的义务,因其缺乏现实的确定性与关联性,并不构成现时义务,自然不能被确认为单位的负债。这种对现时义务的严格界定,旨在保证负债确认的准确性与客观性,避免因对未来不确定性的过度预估而造成财务数据的偏差。只有基于现行条件下已形成的义务,才能够真实反映单位在当前经济活动中的责任与负担,为财务报表使用者提供可靠的信息,助其准确评估单位的财务状况与潜在风险。

2. 经济资源流出

负债确认的另一关键要素在于,履行该义务存在较高可能性致使含有服务潜力或经济利益的经济资源流出单位。当行政事业单位面临一项义务时,需综合多方面因素判断其导致经济资源流出的可能性。若经分析评估,认定经济资源流出具有较大概率,那么该项义务便满足了负债确认的这一重要条件。这种经济资源的流出可能以多种形式呈现,比如资金的支付、资产的交付等。其背后蕴含的逻辑是,负债本质上是单位对外部的一种经济承诺,这种承诺一旦履行,必然会对单位自身的经济资源状况产生影响,使原本可用于单位运营或发展的资源流向外部,进而影响单位的财务实力与运营能力。

(二)金额能够可靠计量

负债的金额应能够可靠地计量,这对于确保财务报表的真实性和准确性起着至关重要的作用。财务报表作为反映行政事业单位财务状况与经营成果的重要文件,其数据的可靠性直接关系到使用者对单位情况的判断与决策。若负债金额无法准确计量,那么财务报表所呈现的负债信息将是模糊不清甚至误导性的。可靠计量要求单位在确认负债时,运用合理的方法与依据对负债金额进行精准核算。这可能涉及依据合同约定的金额、法律法规规定的标准,或者通过科学的估值模型等方式来确定。只有当负债金额能够以可靠的方式确定下来,才能在财务报表中如实反映单位所承担的债务规模,使报表使用者能够清晰了解单位面临的经济责任,进而对单位的偿债能力、财务稳健性等做出合理的评估与判断。

(三)特定负债的确认

1. 应缴款项

应缴款项作为行政事业单位特定负债的一种,其确认时机具有明确的规定,即在发生应税事项或取得相关收入时进行确认。这一确认原则紧密贴合应缴款项的性质与来源。当单位发生应税事项时,依据税收法规,其产生了向国家缴纳相应税款的义务,此时应及时确认应缴款项。同理,在取得特定相关收入时,若根据政策规定需将部分收入上缴,那么也应即刻确认该笔应缴款项。这种基于业务发生时间的确认方式,能够确保应缴款项的记录与实际业务流程相匹配,准确反映单位在不同经济活动中所产生的应上缴义务,避免因确认时间不当而导致财务数据的混乱与偏差,保证财务信息的及时性与准确性。

2. 应付职工薪酬

应付职工薪酬的确认遵循在职工提供服务期间进行的原则,并按受益对象计入相关成本或费用。职工为行政事业单位提供劳动服务,单位相应地负有支付薪酬的义务。从权责发生制的角度出发,在职工服务期间确认应付职工薪酬,能够合理匹配单位的成本费用与收益期间。不同岗位职工的服务为单位不同业务或项目带来效益,将应付职工薪酬按受益对象分摊至相关成本或费用,使得成本核算更加精细化与科学化。这不仅有助于准确反映单位各项业务活动的真实成本,还能为单位进行成本控制、绩效评估等管理活动提供有力的数据支持,让单位清晰了解不同业务板块因人力资源投入所产生的成本负担,从而优化资源配置与运营管理。

3. 借入款项

借入款项的确认以取得借款时为准,且按借款本金进行计量,借款利息则按期计提。当行政事业单位从外部取得借款,意味着其承担了一项明确的债务责任,此时应及时确认借入款项,记录借款本金金额。借款本金作为单位需偿还的基础金额,准确记录其初始数值是后续核算与管理的基础。而借款利息作为使用借款的代价,虽然并非在借款取得时一次性支付,但根据权责发生制,需按期计提。这是因为随着时间推移,单位持续占用借款资金,相应地产生了利息费用。按期计提利息能够准确反映单位在每个会计期间因借款所承担的成本,使财务报表能够动态且准确地呈现单位的债务成本与财务状况,为单位合理安排资金、制订还款计划等提供重要依据。

第二节　负债核算与风险控制

一、行政事业单位负债核算

(一)核算手段

1. 确认条件

行政事业单位负债的确认需严格遵循三个核心条件：现时义务、经济资源流出可能性、金额可靠计量。现时义务指单位基于法律或合同约定需承担的支付或履行责任，例如采购合同中明确需支付的款项，或职工薪酬协议中规定的工资支付义务。经济资源流出可能性需达到“很可能”程度，即履行义务将导致单位资产减少或服务潜力下降。而金额可靠计量要求负债金额能够通过合同、税率或公允价值等依据准确确定，例如短期借款本金按合同金额确认，利息按约定利率计算。若单位与供应商签订的采购合同约定分期付款，每期应付金额明确且支付时间确定，则该应付账款符合确认条件。只有同时满足上述条件，负债方可纳入财务报表，确保信息真实反映单位财务状况。

2. 计量原则

负债计量需遵循初始计量与后续计量规则。初始计量以合同金额或公允价值为基础，例如采购固定资产产生的应付账款按合同价款确认，融资租赁负债按租赁付款额现值计量。后续计量通常采用摊余成本法，即按实际利率法对负债账面价值进行调整。若负债存在公允价值变动风险（如金融负债），需按公允价值重新计量，差额计入当期损益。计量原则确保负债价值随时间推移动态反映单位实际负债成本，避免因计量偏差导致财务报表失真。

（二）特殊事项处理

1. 暂收款项

暂收款项（如押金、保证金）属于单位代管资金，需要通过“其他应付款”科目进行核算。此类款项的核算需严格区分业务实质，确保资金归属清晰。若供应商中标并签订合同，保证金可转为履约保证金，继续挂账于“其他应付款”科目，待项目验收合格后全额退还。若单位收取的租房押金，在租赁期满且房屋无损毁时，需按原金额退还承租人，退还时同样冲减“其他应付款”。暂收款项的核算需避免资金挪用或长期挂账，确保资金安全与合规性。

2. PPP 项目负债

PPP 项目负债通过“长期应付款”科目核算，并需确认相关金融资产或无形资产。同时，单位需根据项目资产性质确认金融资产或无形资产。若项目资产所有权归单位所有，社会资本方仅提供运营服务，则单位确认金融资产；若项目资产所有权归社会资本方所有，单位仅支付运营服务费，则单位确认无形资产。PPP 项目负债的核算需关注合同条款的复杂性与长期性，确保负债与资产匹配，避免虚增负债或资产。

二、行政事业单位负债风险控制

(一)风险控制措施

1. 制度建设

行政事业单位需构建完善的负债管理制度体系,以规范债务行为、防范风险为核心目标。制度应明确举债审批流程,包括债务需求提出、可行性论证、风险评估及最终审批等环节,设定标准化操作规范,确保债务规模与单位综合财力相匹配。偿债资金来源需纳入年度预算统筹安排,明确财政拨款、项目收益、资产处置等多元化筹资渠道,并设立偿债准备金账户,按债务余额的一定比例计提,增强偿债保障能力。同时,需建立风险预警机制,设定负债率(债务余额/综合财力)、偿债率(还本付息额/可用财力)等核心指标阈值,当指标接近临界值时,触发预警并启动应对措施。制度执行需落实责任到人,通过岗位分离、交叉复核等手段防范操作风险,确保债务资金专款专用。

2. 债务限额管理

严格执行地方债务限额管理制度,确保债务规模控制在财政承受能力范围内。单位新增债务需逐级报批,并提交偿债计划及风险评估报告,经财政部门审核通过后方可实施。针对PPP项目、政府投资基金、政府购买服务等模式,需实施穿透式监管,识别隐性债务风险点,禁止以承诺回购本金、固定回报等方式变相举债。监管部门需定期对债务规模、期限结构及利率变化进行动态监测,形成风险分析报告,为决策提供数据支撑。同时,需建立债务限额调整机制,根据财政状况、偿债能力等因素适时调整限额,确保债务规模与经济发展水平相适应。

(二)信息化手段

搭建集成化债务管理平台,实现债务全生命周期动态监管。平台需集成债务合同、还款计划、利率调整等数据,通过自动化采集与校验,减少人工录入误差,确保数据实时性。系统内置风险评估模型,对债务规模、期限错配、利率波动等风险因子进行量化分析,生成可视化风险热力图,辅助决策者直观识别风险点。同时,需实现跨部门数据共享,与财政、审计等部门建立数据接口,实时传输债务台账及风险分析报告,支持审计监督及绩效评价。此外,平台需具备预警提示功能,当指标触及预警阈值时,自动推送预警信息至责任人,并生成应对建议,提升风险处置效率。通过信息化手段,可实现债务管理的精细化、智能化,为风险防控提供坚实的技术支撑。

第三节　负债偿还计划与策略

一、行政事业单位负债偿还计划

(一)债务梳理

1. 期限结构

行政事业单位对负债进行梳理时,按到期时间将债务划分为不同类别,如 1 年内到期的短期债务、1—3 年的中期债务以及 3 年以上的长期债务。短期债务因其临近偿还期限,对单位资金流动性冲击较大,所以需优先处理。通过清晰划分期限结构,单位能够直观掌握不同时段需应对的偿债压力,提前规划资金。对于短期债务,单位可集中资源确保按时足额偿还,避免因债务逾期产生不良信用记录及高额罚息,维护单位良好信誉。同时,依据中期和长期债务情况,合理安排长期资金使用与储备,在保障单位持续运营的同时,有条不紊地推进债务偿还工作,优化整体债务管理。

2. 利率成本

在债务梳理环节,区分固定利率与浮动利率债务至关重要。固定利率债务在整个债务存续期内利率保持稳定,单位能精准预估偿债利息支出。而浮动利率债务随市场利率波动,利率上升时,单位偿债利息成本增加,偿债压力随之增大;利率下降则反之,因此单位需密切关注市场利率走势,评估利率波动对偿债压力的影响。对于浮动利率债务占比较高的情况,可考虑采取具有一定风险的对冲措施,如与金融机构协商利率调整机制或转换为固定利率债务,以稳定偿债成本,降低利率风险对单位财务状况的不利影响,确保负债偿还工作在可控成本范围内推进。

(二)偿债资金来源规划

1. 项目收益

针对有收益的债务项目,像基础设施、公共服务项目等,利用项目收入覆盖偿债支出是理想的偿债资金来源途径。在项目规划与实施过程中,单位要建立完善的项目收益核算体系,准确预测项目各阶段收入情况。项目运营后,将产生的收益按计划优先用于偿还与之相关的债务。这样以项目收益偿债,不仅使债务偿还与项目效益紧密挂钩,保障债务偿还的可持续性,还能激励单位提升项目运营管理水平,提高项目收益,从而更好地完成偿债任务,实现项目建设与债务偿还的良性循环。

2. 资产处置

行政事业单位可通过出售闲置资产、土地置换等方式筹集偿债资金。单位内部往往存在一些长期闲置、利用率低的资产,将其出售能盘活存量资产,转化为可用于偿债的资金。例如在进行土地置换时,合理评估土地价值,以实现资产价值最大化。不过,资产处置需严格遵循相关规范流程,确保处置过程公开、公平、公正。从资产清查、评估到交易环节,都要做好记录与监管,防止国有资产流失。通过规范资产处置,单位能够在合法合规前提下,有效筹集偿债资金,优化资产结构,为负债偿还提供有力资金支持。

3. 再融资安排

在合理范围内,行政事业单位可借助债务置换、展期等再融资方式优化债务结构。债务置换可将高成本债务替换为低成本债务,降低利息支出,缓解偿债压力。例如,用新发行的低利率债券替换旧的高利率债券。展期则延长债务偿还期限,使单位在较长时间内分摊偿债金额,减轻短期内资金压力。但进行再融资需谨慎操作,充分评估自身财务状况与未来现金流,确保新的债务安排在单位承受能力范围内，避免陷入新的债务困境，通过合理再融资实现债务结构优化与负债偿还的有效结合。

（三）偿债时间表与责任分工

1. 时间表

制订年度偿债计划是行政事业单位有序开展负债偿还工作的关键。在计划中，需明确每笔债务的偿还时间、金额及资金来源。以详细表格形式呈现，将不同债务按到期先后顺序排列，逐一标注应还款日期、具体金额以及对应偿债资金的获取途径，如项目收益、资产处置收入等。精确的时间表让单位对全年偿债任务一目了然，便于提前统筹安排资金，协调各部门工作。提前规划好各阶段资金调配，避免因资金准备不足导致债务逾期，确保负债偿还工作按计划稳步推进，维护单位财务稳定与信用形象。

2. 责任分工

落实"一把手"负责制，强化对负债偿还工作的领导与统筹。财务部门在其中发挥牵头作用，负责制订偿债计划、资金核算与管理，对债务信息进行汇总分析，为决策提供财务数据支持。业务部门则配合财务部门，依据自身业务涉及的债务情况，协助落实偿债资金来源。如涉及项目收益偿债的业务部门，要保障项目正常运营，确保收益按时足额实现。各部门协同合作，形成合力，确保偿债资金及时到位，将负债偿还工作落到实处，有效防范债务风险，推动单位稳健发展。

二、行政事业单位偿还策略

（一）短期偿债策略

1. 优先级原则

在行政事业单位债务偿还过程中，短期偿债的核心策略是遵循优先级原则，即优先偿还高成本、短期限债务，以避免债务逾期风险对单位信用及运营造成冲击。高成本债务通常伴随较高的利息支出，若未能按时偿还，不仅会增加单位财务负担，还可能引发债权人采取法律手段，影响单位正常运转。短期限债务因到期时间紧迫，偿债压力集中，需优先调配资金确保按时履约。优先级原则要求单位对债务进行动态评估，根据债务成本、期限、利率类型（固定或浮动）等要素建立偿债优先级清单，并定期更新。例如，当单位面临多笔债务到期时，应优先偿还利率较高、期限较短的债务，同时预留部分资金应对突发偿债需求。通过这一策略，单位可有效控制短期偿债风险，维护财务稳健性。

2. 现金流管理

现金流管理是行政事业单位短期偿债策略的关键环节，旨在通过优化资金配置提高偿债资金流动性。具体措施包括压缩非必要支出和盘活存量资金。压缩非必要支出需对单位预算进行精细化调整，削减非紧急、非刚性的行政开支，如会议费、差旅费等，确保资金优先用于偿债。同时，需加强预算执行监控，避免资金挪用或闲置。盘活存量资金则需对单位闲置资产、未使用财政拨款等进行全面梳理，通过资产处置、资金归集等方式释放资金潜力。此外，需建立现金流预警机制，实时监测资金流入流出情况，确保偿债资金链安全。通过这一策略，单位可在不增加债务规模的前提下，增强短期偿债能力。

（二）长期偿债策略

1. 债务重组

债务重组是行政事业单位长期偿债的核心策略之一，旨在通过与债权人协商调整债务条款，降低偿债压力。具体方式包括延长还款期限和降低利率。延长还款期限可缓解单位短期资金压力，将偿债资金分散至更长时间段，降低单位年度偿债支出。例如，将10年期债务延长至20年，可显著降低单位年度还本付息额。降低利率则需通过谈判或政策支持实现。债务重组需以债权人利益为平衡点，通过提供资产抵押、收益保障等措施增强债权人信心。此外，需建立债务重组动态监测机制，定期评估重组效果，及时调整策略以应对市场变化。通过这一策略，单位可优化债务结构，降低偿债成本，提升长期偿债能力。

2. 资产证券化

资产证券化是行政事业单位长期偿债的重要工具，通过将优质资产打包发行资产支持证券（ABS），提前回收资金用于偿债。具体操作需选择具有稳定现金流的资产，如基础设施收费权、公共服务项目收益权等，通过结构化设计将其转化为可交易证券。资产证券化可实现资产出表，释放单位资产负债表空间，同时降低融资成本。此外，资产证券化需遵循市场化原则，确保资产定价合理、信息披露充分，并建立风险隔离机制，避免基础资产风险传导至证券投资者。通过这一策略，单位可盘活存量资产，提升资金使用效率，增强长期偿债能力。

3. PPP 模式优化

PPP 模式优化是行政事业单位长期偿债的创新策略，针对 PPP 项目债务，通过调整合作期限、收益分配机制等方式降低财政负担。具体措施包括延长 PPP 项目合作期限，将原本 10 年的合作期延长至 20 年，降低单位年度支付义务；调整收益分配机制，增加项目公司风险分担比例，减少单位财政补贴压力。PPP 模式优化需以项目可行性为前提，确保调整后合作方案仍能满足公共服务需求。例如，通过引入社会资本技术优势，提升项目运营效率，增加项目收益，从而减少单位对项目公司的补贴支出。此外，需建立 PPP 项目动态评估机制，定期监测项目运营状况，及时调整合作条款以应对风险。通过这一策略，单位可优化 PPP 项目债务结构，降低财政偿债压力，实现公共服务供给与财政可持续性的平衡。

第六章　行政事业单位重点会计科目核算

第一节　人员经费类科目核算

一、工资福利支出

(一)基本工资

基本工资作为行政事业单位人员工资构成的基础部分,由按国家统一标准发放的岗位工资与薪级工资共同组成。岗位工资依据工作人员所在岗位的职责、工作性质及复杂程度确定,不同岗位对应不同的工资标准,旨在体现岗位价值差异,激励员工履行岗位职责。薪级工资则主要与工作人员的工作年限、学历及任职年限挂钩,随着这些因素的增长而逐步提升,反映了员工个人经验与资历积累对薪酬的影响。两者相辅相成,共同构成基本工资体系,为员工提供稳定的收入保障。在核算时,严格按照国家规定的标准与流程,精准计算每位员工应得的岗位工资与薪级工资,确保发放准确无误,维持单位人员队伍薪资体系的稳定与公平,是保障行政事业单位正常运转的基本薪资支撑。

（二）津贴补贴

津贴补贴是人员工资福利支出的重要补充部分，包含艰苦边远地区津贴、岗位津贴等多种类型。艰苦边远地区津贴主要针对在自然条件恶劣、交通不便、经济发展相对滞后地区工作的人员设立，用以补偿其因工作环境艰苦而产生的额外付出，体现了对特殊工作环境下员工的关怀与激励。岗位津贴则是根据不同岗位的特殊要求与工作风险等因素设定。这些津贴补贴的发放，有助于平衡不同地区、不同岗位间的收入差距，吸引和留住人才在特定地区与岗位工作。在核算时，需严格依据相关规定的适用范围与标准，仔细甄别符合领取条件的人员，精准核算金额，确保津贴补贴发放合理合规，切实发挥其应有的激励与保障作用。

（三）奖金

奖金作为对员工工作表现的一种激励性报酬，在行政事业单位人员工资福利中占据重要地位，主要包含年终一次性奖金、绩效工资等。年终一次性奖金通常是根据单位全年工作绩效以及员工个人年度工作表现综合评定发放，旨在对员工一年来的辛勤工作给予总体性奖励，增强员工的归属感与成就感。绩效工资则与员工日常工作任务完成情况、工作质量、工作效率等具体绩效指标紧密挂钩，通过将薪酬与绩效直接关联，有效激发员工工作积极性，促使员工不断提升工作业绩。在核算奖金时，需依据预先设定的绩效考核体系与奖金分配方案，对单位整体及员工个人绩效进行客观公正评价，准确计算每位员工应得奖金数额，保证奖金发放既体现公平又具备激励效果，充分发挥奖金在提升单位工作效能方面的积极作用。

（四）社会保障缴费

社会保障缴费指行政事业单位为员工承担的养老保险、医疗保险、失业保险等费用部分。养老保险为员工退休后的生活提供经济保障，使其在退出工作岗位后能维持基本生活水平。医疗保险则帮助员工应对疾病医疗费用支出，减轻患病时的经济负担。失业保险在员工因非本人意愿失业时，提供一定时期的生活补助，缓解失业期间的经济压力。单位依法依规为员工缴纳这些社会保障费用，是履行社会责任、保障员工权益的重要体现。在核算社会保障缴费时，需按照当地政府规定的缴费基数与缴费比例，精确计算单位应承担的各项社保费用金额，并及时足额缴纳，确保员工能正常享受各项社会保障待遇，维护员工队伍的稳定性与凝聚力，促进单位和谐发展。

（五）住房公积金

住房公积金是行政事业单位人员工资福利支出中用于员工住房保障的部分，由单位缴存部分构成。单位缴存的住房公积金与员工个人缴存部分共同存入员工住房公积金账户，专项用于员工购买、建造、翻建、大修自住住房等住房消费支出。通过建立住房公积金制度，提高了员工购房支付能力，改善了员工居住条件，增强了员工对单位的认同感与归属感。在核算住房公积金时，严格依据当地住房公积金管理部门规定的缴存基数与缴存比例，准确计算单位每月应缴存金额，并按时足额将资金缴存至员工住房公积金账户。规范的住房公积金核算与缴存管理,既符合国家住房保障政策要求,又为员工提供了一项重要的福利待遇,对吸引人才、稳定队伍具有积极意义。

二、对个人和家庭的补助

(一)离休费、退休费

在行政事业单位中,离退休人员曾经为单位发展奉献多年,在其退休后,除了社会统筹部分的养老金外,单位往往还需承担一部分统筹外费用,以确保他们拥有较为舒适的晚年生活。这部分费用包括但不限于离退休人员的生活补贴、节日慰问费等,体现了单位对离退休人员的关怀与尊重。在核算离休费、退休费时,要依据单位内部制定的离退休人员待遇标准,结合相关规定,仔细核算各项费用明细,确保发放金额准确无误。按时足额发放离休费、退休费,不仅能让离退休人员安享晚年,也有助于维护单位良好形象,传承单位的人文关怀精神,对单位的长远发展具有积极的社会影响。

(二)医疗费补助

医疗费补助是行政事业单位针对超出医保报销范围的医疗费用给予员工的补贴。尽管医保体系为员工提供了基本医疗保障,但在实际就医过程中,员工往往会面临一些医保目录外的费用支出,如部分进口药品、特殊检查项目等。为减轻员工医疗负担,行政事业单位设立医疗费补助项目。在核算时,要明确可补助的医疗费用范围,严格区分医保报销部分与需单位补助部分。员工就医后,需提交相关医疗费用明细及报销凭证,单位依据既定政策与流程,对符合条件的费用进行核算,按规定比例给予补助。合理准确的医疗费补助核算,能够切实减轻员工因病产生的经济压力,让员工感受到单位的关爱,有利于员工安心工作,提升员工对单位的忠诚度与归属感。

第二节　公用经费类科目核算

一、办公用品印刷费与专用材料设备费

(一)办公用品印刷费

办公用品购置费用用于采买各类办公所需的基础物品,从日常书写使用的笔、纸、笔记本,到办公桌椅、文件柜等办公家具,这些物品虽单价可能不高,但却是保障单位日常工作顺利开展的必备物资。印刷文件资料费用同样不可或缺,单位日常运营中会产生大量文件需求,包括各类公文、宣传资料、会议资料等的印刷。在核算办公用品印刷费时,需精准统计每一项办公用品的采购数量、单价,详细记录每次文件印刷的纸张规格、印刷份数、单价等信息。严格把控采购与印刷流程,确保费用支出合理合规,实现资金使用效益最大化,为单位办公提供稳定的物资与文件支持。

(二)专用材料及一般设备购置费

专用材料及一般设备购置费是单位为满足特定业务及日

常办公需求而产生的费用。专用材料是指专门用于特定业务领域的材料,其具有专业性和针对性,与普通材料有所区别。一般设备则是通用性较强,适用于各类办公场景的设备,像电脑、打印机、复印机等。购置专用材料时,需依据业务的专业要求,严格筛选符合质量标准的材料,确保材料能满足业务开展的特殊需求。在采购一般设备时,要综合考量设备的性能、品牌、价格等因素,选择性价比高的产品。核算该费用时,对每一笔专用材料和一般设备的采购,都要详细记录设备名称、规格型号、采购数量、单价、供应商等信息,保证采购流程透明,费用支出清晰,为单位业务及办公的正常运作提供坚实的物质基础。

二、邮电费与差旅费

(一)邮电费

邮电费是行政事业单位维持日常通信联络的必要开支,单位邮电费用包含电话费,无论是固定电话用于日常办公沟通,还是移动电话方便工作人员随时处理公务,其费用支出都与单位业务交流紧密相连。网络费也是邮电费的重要组成部分,在信息化办公时代,稳定高速的网络是单位实现高效办公的基础,从日常文件传输、线上会议召开,到业务系统的在线操作,都离不开网络支持。核算邮电费时,要对电话费用的套餐类型、通话时长、费用明细进行详细记录,对于网络费,要明确网络带宽、服务期限、收费标准等信息。定期对通信费用进行分析评估,优化通信套餐及网络服务方案,在保障通信顺畅的前提下，合理控制邮电费支出，提升资金使用效率，确保单位通信联络不间断。

（二）差旅费

差旅费主要用于覆盖因公出差所产生的一系列费用。其中，交通费用涉及出差过程中的多种出行方式，如飞机、火车、长途客车等交通工具的票款支出。选择何种交通方式往往取决于出差行程的紧急程度、距离远近以及预算限制。住宿费用是出差期间在外地的住宿开支，需根据出差目的地的消费水平、酒店档次等因素来确定合理的住宿标准。伙食费用则是对出差人员在外地就餐的补贴。核算差旅费时，要严格按照单位既定的出差标准，仔细核对交通票据的真实性、行程合理性、住宿发票的合规性以及伙食补贴的计算准确性。通过严谨的核算流程，既保障出差人员的合理权益，又避免差旅费的不合理支出，确保单位资金合理运用，助力各项因公出差任务顺利完成。

三、会议费与日常维修费

（一）会议费

会议费是行政事业单位召开各类会议所产生的综合费用。场地租赁费用是会议费的重要部分，根据会议规模、参会人数以及会议设施要求，选择合适的会议场地并支付相应租金。设备使用费用涵盖会议期间所需的音响设备、投影仪、电子显示屏等设备的租赁或使用费用，这些设备能够提升会议效果，保障信息准确传达。资料印刷费用用于制作与会议相关的文件资料、议程手册、参会证等。在核算会议费时,需提前对会议所需各项开支进行详细预算,会议结束后,根据实际发生的费用,逐一核对场地租赁合同、设备租赁清单、资料印刷明细等原始凭证,准确计算会议费支出。严格把控会议规模与费用标准,杜绝铺张浪费,确保会议费合理合规使用,使会议能够高效、有序地开展,发挥其应有的沟通交流、决策部署作用。

(二)日常维修费

日常维修费主要针对办公设备、设施在日常使用过程中出现的损坏或老化进行维护和修理所产生的费用。办公设备如电脑、打印机、复印机等,长期高频使用难免会出现硬件故障、软件问题等,需要及时维修以保障正常办公。办公设施包括办公场地的门窗、水电设施、电梯等,这些设施的正常运行关乎单位办公环境的安全性与舒适性。维修办公设备时,需专业技术人员对故障进行准确诊断,确定维修方案及所需更换的零部件。核算维修费用时,要详细记录维修项目、更换零部件的名称、数量、单价以及维修工时费等信息。对于办公设施维修,要根据设施损坏情况制订维修计划,合理安排维修人员,核算费用时依据维修材料采购清单、人工费用标准等进行精确计算。定期对办公设备、设施进行维护保养,能够延长其使用寿命,降低维修成本,确保单位办公环境稳定,工作有序开展。

第三节　项目支出类科目核算

一、项目支出核算范围

（一）专项业务费

专项业务费是行政事业单位项目支出核算中一个关键且广泛的类别，涵盖了为实现特定行政目标或完成特定业务任务而产生的各项费用。其中，课题调研费用是开展各类研究项目、探索新政策或新方法的重要资金来源，有助于推动行政管理的创新和进步；规划编制费用用于制定长远的发展规划或专项规划，为行政单位的工作提供明确的方向和目标。这些费用的合理使用和核算，对于保障行政单位各项业务活动的顺利开展具有重要意义。

（二）信息化运行维护费

信息化运行维护费是行政事业单位项目支出核算中不可或缺的一部分，主要涉及信息技术的硬件、软件及服务方面的支出。设备采购费用用于购置计算机、服务器、网络设备等信息化基础设施，为行政单位的信息化应用提供硬件支持；系统维护费用则用于保障信息化系统的稳定运行，包括日常监控、故障排查、数据备份等；软件开发费用则用于定制开发或升级改造信息化系统，以满足行政单位日益增长的信息化需求。这些费用的投入，不仅提升了行政单位的工作效率和服务水平，还推动了行政管理的现代化和智能化进程。

（三）物资储备与运输费

物资储备与运输费是行政事业单位在应对突发事件或保障日常运转时不可或缺的支出项目。应急物资储备费用用于储备各类应急物资，如救援设备、医疗用品、生活必需品等，以应对自然灾害、公共卫生事件等紧急情况；单位间物品运输费用则用于行政单位之间的物资调配和运输，确保物资能够及时、准确地送达目的地。这些费用的合理使用和核算，对于保障行政单位在紧急情况下的快速响应能力和日常运转的顺畅性具有重要意义。

二、项目支出核算科目设置

（一）财务会计科目

在行政事业单位的财务会计体系中，“业务活动费用”科目是核算项目直接相关费用的主要科目。该科目用于记录行政单位为完成特定业务活动而发生的各项直接费用，包括但不限于人员经费、办公费、差旅费、会议费、培训费等。通过“业务活动费用”科目的核算，可以清晰地反映行政单位项目支出的具体构成和金额，为财务管理和决策提供有力支持。同时，该科目的设置也有助于加强行政单位对项目支出的管理和控制，确保资金使用的合规性和有效性。

(二)预算会计科目

在预算会计体系中,“行政支出/‘事业支出—项目支出’”科目是核算行政事业单位项目支出的重要科目。该科目按照功能分类进行列支,如“公共卫生”“环境保护”等,以便清晰地反映行政单位在不同功能领域的项目支出情况。通过该科目的核算,可以全面了解行政单位的项目支出规模和结构,为预算编制和执行提供重要依据。同时,该科目的设置也有助于加强行政单位对预算执行情况的监督和评估,确保预算资金的合理使用和有效配置。此外,按功能分类列支还有助于提升行政单位项目支出的透明度和公信力,增强社会对行政单位财务管理工作的信任和支持。

第四节　代管资金类科目特殊处理

一、往来类代管资金的核算

(一)拨入往来款项

接收外部单位或个人汇入的代管款项,资金到账后,财务人员第一时间进行银行账户资金确认。依据资金来源单位提供的汇款说明,仔细甄别款项性质,明确其属于何种往来业务。迅速在财务系统中进行账务处理,按照既定会计科目准确记录,将拨入款项计入相应的往来类代管资金科目,详细标注资金来源方信息,如单位名称、联系人及联系方式等,方便后续资金核对与业务沟通。同时,妥善留存银行到账凭证、汇款说明等原始单据,作为资金入账的有力依据。在完成账务记录后,及时通知相关业务部门款项已到账,协同业务部门跟进后续业务流程,确保代管资金能及时、准确地用于指定往来业务,保障业务正常推进,实现资金流转的高效性与准确性。

(二)支付往来款项

支付往来类代管资金时,行政事业单位应严格依据业务合同、协议或相关审批文件执行。业务部门发起支付申请,详细说明支付用途、金额、收款方信息等关键内容。财务部门收到申请后,对支付依据进行严格审核,确认申请支付事项与前期往来业务记录匹配,合同条款合规,收款方信息准确无误。审核通过后,财务人员按照单位资金支付流程,在财务系统中进行支付操作,从往来类代管资金账户中划出相应款项。支付完成后,及时获取银行支付回单,据此在财务系统中进行账务核销,减少相应往来类代管资金科目余额。同时,将支付回单与支付申请、业务合同等资料一并归档留存,以备后续查验。整个支付过程紧密围绕业务实际需求,严格把控资金流向,确保往来类代管资金支付准确、安全,维护单位与往来方的资金往来秩序。

二、收入类代管资金的核算

(一)拨入收入款项

当行政事业单位接收收入类代管资金拨入时,需全面细致开展核算工作。资金到账后,财务人员即刻对银行账户资金变动进行核实,依据资金来源方提供的收入性质说明、相关业务文件等资料,准确判定款项属于何种收入范畴,如捐赠收入、代收款项等。在财务系统中,按照特定的收入类代管资金会计科目进行账务登记,详细记录资金来源单位、金额、收入所属期间等信息,保证账目清晰明了。同步妥善保存银行进账单、收入说明文件等原始凭证,为资金入账提供坚实证据支撑。完成账务处理后,及时向相关业务部门通报资金到账情况,协助业务部门完成后续收入确认流程,推动收入类代管资金迅速融入单位财务管理体系,保障资金核算的准确性与及时性,为单位收入管理提供可靠数据基础。

(二)支付收入款项

行政事业单位支付收入类代管资金时,严谨遵循既定规则与业务需求。业务部门依据收入用途和相关规定,提交详细的支付申请,注明支付目的、收款方信息、支付金额等关键要点。财务部门对支付申请进行严格审查,仔细核对申请内容与前期收入记录、业务规定是否一致,确保支付事项合理、合规。审核无误后,财务人员依照单位资金支付流程,从收入类代管资金账户执行支付操作,将款项准确划拨至指定收款方。支付完成后,及时获取银行支付凭证,并在财务系统中进行相应账务处理,冲减收入类代管资金科目余额。同时,将支付凭证与支付申请、业务依据等文件整理归档,便于日后查阅与审计。通过规范支付流程,保障收入类代管资金按规定用途精准支付,维护资金收支的规范性与透明度。

三、代管资金的特殊管理要求

(一)独立核算

在财务核算体系中,会为代管资金单独设立一套完整的账目,区别于单位自有资金核算。从资金的拨入开始,按照不同类别(往来类、收入类等)分别设置明细科目,详细记录每一笔资金的来源、金额、时间等信息。在资金使用和支付环节,同样通过独立的账务处理准确反映资金流向和用途。配备专门的财务人员负责代管资金核算,运用专业财务知识和技能,确保核算过程准确无误。定期编制代管资金财务报表,清晰呈现资金的收支结余情况。独立核算使代管资金的财务信息一目了然,便于单位内部管理与外部监督,有效保障资金流向和用途清晰透明,维护资金管理的规范性与严肃性。

(二)定期对账

设定固定对账周期,如月度、季度或年度。在对账期间,财务人员首先对代管资金账户的银行存款日记账与银行对账单进行逐笔核对,检查每一笔资金的收支记录是否一致,包括金额、日期、业务摘要等内容,及时发现并处理未达账项。同时,对代管资金的往来明细账与资金来源方或使用方的账目进行核对,确保双方对资金往来情况的记录一致。在收入类代管资金方面,将单位记录的收入明细与收入来源方提供的收入数据进行比对。对账过程中,详细记录核对结果,对于发现的差异,迅速展开调查,查明原因并及时调整账务。通过定期对账,及时发现资金管理中的潜在问题,有效防范资金风险,确保代管资金安全完整,提升资金管理的可靠性与稳定性。

第五节　期末处理与报表编制

一、期末处理

(一)财务会计期末处理

对各项资产进行全面清查与核实,确保资产账实相符。详细检查固定资产的数量、状态与账面价值,若有盘盈盘亏及时进行账务调整。对应收账款、其他应收款等债权类资产,分析账龄并评估可收回性,必要时计提坏账准备。对于负债类项目,准确核算应付账款、其他应付款等余额,确认是否存在未入账负债。完成资产负债清查后,进行各项费用的计提与摊销。依据受益期间,合理计提职工薪酬、折旧费用、无形资产摊销等。同时,结转各项收入与费用至本期盈余科目。将财政拨款收入、事业收入、经营收入等收入类科目余额,以及业务活动费用、单位管理费用、经营费用等费用类科目余额,分别转入本期盈余,从而计算出本期财务盈余状况,为单位财务状况分析提供基础数据。

(二)预算会计期末处理

预算会计期末处理聚焦预算收支执行情况。对于预算支出,严格依据预算安排与实际支出进度,确认业务活动费用、单位管理费用等预算支出金额，检查是否存在超预算或预算执行偏差情况。完成预算收支核算后，进行预算结余结转。将财政拨款预算收入与对应的财政拨款预算支出结转至财政拨款结转科目，区分基本支出结转与项目支出结转。非财政拨款预算收入与支出，则结转至非财政拨款结转、非财政拨款结余等科目。通过预算结余结转，清晰呈现单位预算执行结果，反映预算收支平衡情况，为下一期预算编制提供参考依据，保障单位预算管理的连贯性与科学性。

二、报表编制

（一）财务报告编制

1. 资产负债表

资产负债表在呈现行政事业单位财务状况方面发挥关键作用，其资产部分涵盖流动资产，如货币资金、应收账款、存货等，反映单位短期内可变现或运用的资源；非流动资产包括固定资产、无形资产、长期投资等，体现单位长期运营所依赖的资产基础。负债部分，流动负债如短期借款、应付账款等，展现单位短期内需偿还的债务；非流动负债如长期借款、长期应付款等，反映长期债务情况。净资产部分，由累计盈余、专用基金等构成，代表单位资产扣除负债后的剩余权益。编制资产负债表时，依据财务会计期末处理后的准确账目数据，按规定格式与项目顺序列示，为单位管理层、上级主管部门及其他利益相关者提供特定日期单位财务实力、偿债能力等直观信息，助其进行决策分析与财务评估。

2. 收入费用表

收入部分详细罗列财政拨款收入、事业收入、经营收入等各类收入来源金额,清晰展现单位收入构成。费用部分涵盖业务活动费用、单位管理费用、经营费用等,按费用性质与功能分类列示,直观呈现单位运营过程中的各项成本支出。通过收入减去费用计算得出本期盈余,直观反映单位在该会计期间的经营成果。编制收入费用表时,严格遵循财务会计核算规则,确保收入与费用数据准确匹配,为单位内部成本控制、绩效评价以及外部信息使用者了解单位收支情况与盈利能力提供关键财务信息,助力单位优化资源配置与提升运营效率。

3. 净资产变动表

净资产变动表专注于呈现行政事业单位净资产在会计期间内的动态变化。净资产变动源于多个方面,如本期盈余增加或减少净资产,财政拨款结转结余、非财政拨款结转结余的变动也会影响净资产。专用基金的提取、使用同样会导致净资产变动。编制净资产变动表时,要详细列示各项导致净资产变动的因素及金额,如本期盈余金额、年初净资产调整数、各项结转结余变动金额等。通过该表,清晰展现净资产变动轨迹,帮助单位管理层深入分析净资产增减原因,为单位长期发展战略制定、资源合理分配以及国有资产保值增值提供有力的数据支持,促进单位财务管理水平持续提升,保障单位财务健康稳定发展。

（二）预算会计报表编制

1. 预算收入支出表

预算收入支出表全面反映行政事业单位在一定会计期间内预算收支及结余情况。预算收入涵盖财政拨款预算收入、事业预算收入、上级补助预算收入等各类来源，按预算项目与资金性质进行明细列示，清晰呈现单位预算资金的流入构成。预算支出包括业务活动费用、单位管理费用、经营支出等，依据预算支出功能分类与经济分类详细记录，直观展示预算资金的使用方向与用途。通过收入减去支出计算得出预算结余，准确反映单位预算执行的最终结果。编制预算收入支出表时，紧密围绕预算会计核算数据，确保收支数据与预算执行情况一致，为单位内部预算管理、预算执行监控以及上级主管部门监督检查提供翔实准确的预算执行信息，助力单位强化预算约束，提高预算执行效率。

2. 财政拨款预算收入支出表

财政拨款预算收入支出表专门聚焦行政事业单位财政拨款预算收支及结余情况。财政拨款预算收入按财政资金来源渠道，如一般公共预算拨款、政府性基金预算拨款等进行明细分类列示，清晰反映各类财政拨款的收入金额。财政拨款预算支出同样依据预算支出功能分类与经济分类详细记录，精确呈现财政资金在单位各项业务活动中的具体使用情况。通过收入与支出的对比，得出财政拨款预算结余金额，包括基本支出结转结余、项目支出结转结余等。编制该表时，严格以财政拨款预算执行数据为基础，确保数据真实、准确、完整，为财政部门、单位管理层及其他相关方提供全面、细致的财政拨款预算执行信息，有助于加强财政资金监管，保障财政资金合理、合规、高效使用，提升财政资金的社会效益与经济效益。

第七章　行政事业单位财务管理信息化建设

第一节　财务管理信息系统概述

一、财务管理信息系统的概念与特点

（一）财务管理信息系统的基本概念

财务管理信息系统是以电子计算机技术为基础，以电子计算机及其外围设备为数据处理工具，采用现代化管理理论和数学、统计学的方法，围绕企业的资金运动形成的一个财务信息处理系统。它收集、筛选、加工、存储、传送和利用会计核算信息及企业其他管理信息，为企业财务管理服务。它的目标是为企业财务管理提供及时、实用、有效的信息资料。

财务管理信息系统与其他人机系统类似。从系统的实物构成形态上来看，同样包括：电子计算机设备及其外部设备、计算机软件，其中有系统软件、应用软件及各种文档；数据库管理系统；系统工作人员（如系统使用者、系统维护者、系统操作人员等）。从系统的运行形态来看，它与原来的手工系统不同，它是以人和计算机的结合为系统主体，充分利用计算机的快速

运算处理数据的特性以及高精度、海量存储、自动控制运行等特性，让计算机代替人工去完成烦琐、复杂、重复的数据处理工作，完成部分人工难以实现的数据处理工作。

（二）财务管理信息系统的特点

财务管理信息系统具有数据处理系统所共有的一般特点，它不同于手工系统的数据处理方式，但又与手工系统紧密联系。虽然在财务管理信息系统中，从数据的组织方式、存储方式，到数据的处理流程，甚至包括数据的处理方法等与手工系统相比都发生了变化，从而要求财务管理思想、管理标准等也必须进行相应调整和变化，但这些变化只是表现在形式上，而财务管理的实质、财务管理制度和财务管理原则却没有改变。财务管理信息系统具有以下主要特点，如图 7-1 所示。

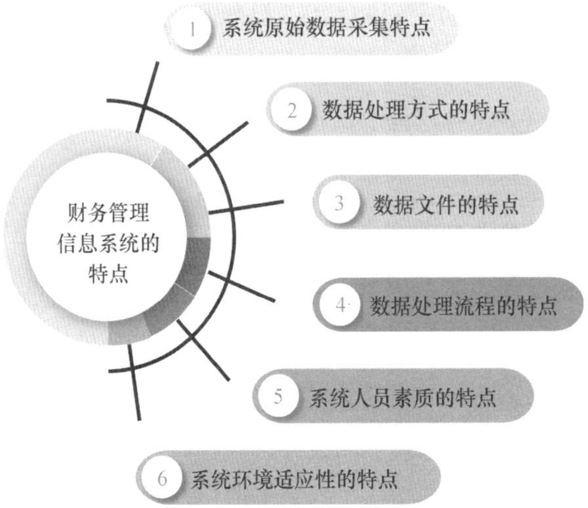

图 7-1　财务管理信息系统的特点

1. 系统原始数据采集特点

如果把财务管理信息系统作为一个独立的信息处理系统来看,其系统原始数据主要可分为两个方面:一是来源于会计电算化系统和其他电算化管理系统的原始数据,这一部分数据首先可以直接通过计算机系统的数据采集程序自动转换获得。转换这一部分原始数据的数据采集程序的主要特点是程序的兼容性,即该程序可使本系统从各类不同的系统中采集不同类型的数据并将其转换为本系统的数据组织方式。其次是要具有数据筛选功能,即在转换过程中要同时选择本系统所需要的数据,而对无用数据进行过滤。二是其他电算化系统不具备但本系统必需的原始数据,这部分原始数据需要通过数据采集程序由本系统操作人员人工输入,但是由于这一部分数据未经过计算机处理,往往是不规范、不标准的数据。因此,在人工输入这一部分数据之前,必须对其进行规范化和标准化处理。当然,一般的财务管理信息系统的原始数据主要是第一类数据,特别是在电算化管理程度比较高的企业中,第一类数据可能会占所有原始数据的90%以上。

2. 数据处理方式的特点

数据处理的集中化和自动化同样是财务管理信息系统数据处理的主要方式。数据处理集中化主要表现在:一方面,财务管理信息系统将其系统数据集中存储、集中管理;另一方面,在完成某一功能或处理一项业务时,数据的处理过程往往是由原始数据直接运算处理产生结果数据,而不像手工系统那样要保留中间结果数据。数据处理自动化,是指在数据的处理过程中,人工干预减少了或不需人工的干预,系统由程序统一调度管理。当然,不同的系统以及同一系统中不同的处理模块甚至不同的处理程序,其自动化的程度是不同的。

3. 数据文件的特点

数据处理系统中的数据是以文件的形式组织并存放的,这些数据文件代替了手工系统中的纸面数据资料。如果财务人员或管理人员要查看这些数据资料,他们必须通过系统的查询功能使数据显示在屏幕上,或者通过系统的打印输出功能使数据转化为纸面材料。按数据文件的生存周期来划分,数据文件可分为永久性文件和临时性文件。永久性文件作为财务档案资料保存,而临时性文件只在当日或当月或者某一运行期限中存在于计算机内,不作为财务档案永久保存。

4. 数据处理流程的特点

数据处理流程反映了财务管理信息系统的数据从产生、存储,到处理、输出、传送、存档的整个过程。财务管理信息系统与手工管理系统的数据处理流程有相似之处,但也有它自己的特点。它的基本特征是手工操作过程和计算机处理过程相结合,共同完成原来手工系统中所必需的数据处理。在数据进入系统以前,需要业务人员对其进行标准化处理,才能输入计算机系统。而数据输入计算机系统的过程,又需要人与计算机的配合,为保证输入系统数据的准确,又需要人和计算机共同结合进行验证并查错和纠错。在系统对数据的处理和输出往往是一个连续的过程,即由对系统原始数据的处理直接产生结果数据,其中间过程比较模糊。在系统设计时,设计人员注重的只是处理结果的准确,而往往不注重中间处理过程。当然,系统具体进行何种处理,输出哪些数据,则是由操作人员控制的。

5. 系统人员素质的特点

财务管理信息系统中的系统人员,从人员的构成结构上和对人员的素质要求上看,与手工管理系统相比也发生了重大的变化。系统人员不仅包括财会人员和管理人员,还要有操纵计算机的专业人员。财会人员和管理人员不仅要具备财务会计以及财会管理的专业知识,而且必须具备熟练上机操作本系统的能力和掌握一般性故障排除的方法及错误纠正的方法。对于系统主管人员来说,除了要精通财务会计及其管理知识和具有丰富的工作经验以外,还必须具备参与系统分析和系统总体设计的能力。当然,系统中的计算机专业人员也应掌握一般财会知识和管理知识。

6. 系统环境适应性的特点

财务管理信息系统处在企业乃至社会经济环境之中,它既要和企业内部的其他电算化系统进行广泛的信息传送,又要和外界的系统进行信息交流。因此,财务管理信息系统必须与企业内部环境和社会外部环境相适应,统一的、一成不变的系统模式是不存在的。

二、财务管理信息系统的可行性

（一）社会经济体制改革和社会经济的进一步发展，对行政事业单位的现代化管理提出了越来越高的要求

传统的手工管理模式，在信息处理效率、数据准确性、决策支持能力等方面，已难以满足行政事业单位发展的需求。在信息爆炸的时代，行政事业单位需要快速、准确地处理大量财务数据，以支持决策制定和业务运营。而现代化的管理工具电子计算机，为行政事业单位管理带来了新的契机。它能够高效地处理数据，实现信息的快速传递和共享，为管理层提供及时、准确的决策依据。采用电子计算机处理管理业务，不仅能提高工作效率，还能减少人为错误，提升管理质量。随着行政事业单位对现代化管理的认识不断加深，采用电子计算机进行管理已成为必然趋势，财务管理信息系统作为其中的重要组成部分，其发展前景广阔。

（二）电子计算机技术的发展使财务管理信息系统具备了良好的物质条件

计算机产品不断更新换代，性能日益强大，微型化的发展趋势使得更多的人有机会学习和使用计算机。计算机价格的下降，降低了财务管理信息系统的建设成本，使其在行政事业单位中的应用更加普及。计算机软件的丰富，为财务管理信息系统的开发提供了更多选择。操作系统趋于成熟，为系统的稳

定运行提供了保障。汉字信息处理技术的突破,解决了财务管理信息系统中的中文输入、输出和显示等问题,使得系统更加符合国内用户的使用习惯。这些技术条件的成熟,为财务管理信息系统的开发和应用奠定了坚实的基础,使得系统能够更加高效、准确地处理财务数据,为行政事业单位的财务管理提供有力支持。

(三)会计电算化系统应用对财务管理信息系统建设具有一定的推动作用

会计电算化系统和其他计算机管理信息系统的成功开发应用,不仅为财务管理信息系统的建立奠定了技术基础,而且也为系统的开发设计积累了丰富的经验。特别是会计电算化系统和一部分业务管理计算机系统在企业实际业务处理中的使用,不仅使人们消除了对电子计算机的神秘感,而且使企业进一步认识到了计算机的作用,进一步了解和掌握了计算机,从而为财务管理信息系统的建设奠定了群众基础。

(四)财务管理信息系统的专业化技术人员队伍逐渐形成

财务管理信息系统的专业化技术人员队伍逐渐形成,为系统的建设和发展提供了人才保障。一方面,各高等院校在经济类和管理类专业中逐渐增加计算机课程,培养了大量既懂计算机又懂财务和财务管理的人才。这些人才具备跨学科的知识和技能,能够与计算机专业技术人员相互配合,进行财务管理信息系统的设计。他们不仅了解财务管理的业务流程和需求,还掌握计算机技术和软件开发方法，能够为系统的开发提供专业的建议和指导。另一方面，近几年各类计算机管理信息系统的开发设计，特别是会计电算化系统的开发设计和应用，为计算机系统的专业设计人员积累了丰富的设计经验。他们熟悉系统的开发流程和方法，了解用户的需求和痛点，能够将这些经验应用到财务管理信息系统的研究和开发设计中。这些专业人才的存在，使得财务管理信息系统的开发更加科学、合理，能够更好地满足行政事业单位的实际需求，推动财务管理信息系统的不断发展。

第二节　信息系统在财务管理中的应用实践

一、信息化财务管理平台的构建

（一）会计核算平台建设

1. 基础架构搭建与标准统一

在构建统一的会计核算平台时，首要任务是搭建稳定可靠的基础架构。这包括选择合适的硬件设备、网络环境以及数据库管理系统，确保平台能够承载多区划、多单位、多账套的集中管理需求。同时，制定统一的会计科目体系、报表格式、会计凭证及账簿的标准化设置规则，是保障财务核算规范性和一致性的关键。通过标准化的设置，不同单位在进行财务核算时能够遵循相同的规则，便于数据的汇总和分析，也为后续的财务监管和审计提供了便利。

2. 系统集成与数据交互

为了实现会计核算平台与其他财政一体化系统的无缝对接，需要充分利用云服务技术。通过云服务，平台可以与其他系统进行高效的数据交互，自动读取支付系统数据，生成会计核算记账凭证和财务报表。这种自动化的数据交互方式，不仅大幅减少了人工操作，降低了人为错误的风险，还提高了财务数据的及时性和准确性。

3. 安全保障与权限管理

在会计核算平台的建设中，安全保障和权限管理是不可忽视的重要环节。平台需要采取严格的安全措施，保护财务数据的安全性和隐私性。这包括数据加密、访问控制、审计追踪等技术手段，确保只有授权人员能够访问和修改财务数据。同时，建立完善的权限管理体系，根据不同用户的职责和权限，分配相应的操作权限，防止越权操作和数据泄露。安全保障和权限管理为会计核算平台的稳定运行提供了坚实的保障。

(二)网络报销平台建设

1. 报销流程再造与标准化

网络报销平台的建设需要对传统的报销流程进行再造和标准化。通过重新定义报销类别、统一审核流程和量化标准控制，实现报销业务的全程电子化。在报销类别方面，根据单位的实际情况和业务需求，制定详细的报销分类标准，确保报销项目的清晰明确。在审核流程方面,建立规范的审核流程,明确各环节的审核职责和时限,提高审核效率。同时,通过量化标准控制,对报销金额、报销范围等进行限制,防止违规报销行为的发生。

2. 移动端应用与人工智能技术

为了方便用户进行报销申请和审批,网络报销平台需要支持移动端应用。用户可以通过手机、平板等移动设备随时随地提交报销申请,并进行实时审批。同时,平台采用人工智能技术采集电子发票和凭证,通过 OCR(光学字符识别)技术自动识别发票信息,减少人工录入的工作量。此外,人工智能技术还可以对报销凭证进行真伪鉴别和合规性检查,确保报销资料的完整性和准确性。

3. 数据交互与支付效率提升

网络报销平台需要与国库集中支付系统进行对接,实现报销数据与支付数据的交互。通过数据交互,报销数据可以直接传输到支付系统,生成支付指令,减少重复录入的工作量。同时,支付系统可以根据报销数据的审核结果进行自动支付,提高报销支付效率。

(三)预算执行内控管理体系建设

1. 经济活动梳理与风险评估

构建以预算管理为主线、资金管控为核心的内控管理平台,首先需要对部门单位的六大经济活动进行全面梳理。这包括预算编制、预算执行、资金收支、资产管理、采购管理、合同管理等环节。通过对经济活动的梳理，明确各环节的业务流程、关键控制点和风险点。同时，采用科学的风险评估方法，对各环节的风险进行评估和排序，确定重点监控的风险领域。

2. 信息化工具应用与制度落地

在内控管理平台的建设中，需要充分利用信息化工具将制度落地。通过将审批流程、权限控制、预警机制等内部控制措施固化到系统中，实现费用管控由“人防”到“机控”的转变。例如，在预算执行过程中，系统可以根据预设的预算指标和审批流程，对超预算、超标准的支出进行自动预警和拦截，防止违规支出的发生。同时，系统还可以记录各环节的操作日志，为后续的审计和监督提供依据。

3. 持续优化与内部控制有效性提升

内控管理平台的建设是一个持续优化的过程。随着单位业务的发展和外部环境的变化，内部控制制度也需要不断调整和完善。因此，需要定期对内控管理平台进行评估和优化，确保其能够适应单位的发展需求。同时，通过加强内部控制培训和宣传，提高员工的内部控制意识和能力，形成全员参与、共同维护内部控制的良好氛围。持续优化和内部控制有效性提升，为单位的发展提供了有力的保障。

二、财务管理全流程的应用

（一）会计核算自动化

1. 财务数据高效处理

在传统的会计核算模式下，财务数据的录入、分类、汇总等工作主要依赖人工操作，不仅效率低下，而且容易出现错误。而信息系统的应用实现了财务数据的自动录入、分类、汇总和核算，极大地提高了工作效率。例如，通过与业务系统的对接，业务数据能够被实时传输至财务系统，自动生成会计凭证，减少了人工录入的工作量和错误率。同时，系统按照预设的会计科目和核算规则对数据进行分类和汇总，确保了核算的准确性和一致性。

2. 多维度报表精准生成

不同层级的管理人员对财务信息的需求各不相同，信息系统支持多维度报表生成，满足了这一需求。一方面，它可以生成符合国家财务制度和会计准则的法定报表，如资产负债表、利润表、现金流量表等，为外部监管和决策提供依据。另一方面，根据单位内部管理的需要，系统能够生成各种管理报表，如部门费用明细表、项目成本分析表等。这些报表可以从不同的角度、不同的层次反映单位的财务状况和经营成果，为管理层提供全面、准确的决策支持。

（二）预算管理与执行监控

1. 全流程预算管理

预算是行政事业单位财务管理的重要环节，信息系统帮助行政事业单位实现了全面、系统的财务预算管理。在预算编制阶段，系统提供了丰富的预算编制模板和方法，支持自上而下、自下而上等多种预算编制方式，使预算编制更加科学、合理。在预算执行阶段，系统实时记录预算的执行情况，包括资金的支出、收入的入账等,确保预算的执行过程可追溯。同时,当预算执行情况发生变化时,系统支持预算的动态调整,保证预算的灵活性和适应性。在预算分析阶段,系统通过对比预算执行数据和预算目标,生成详细的预算分析报告,为管理层评估预算执行效果、发现问题提供依据。

2. 实时监控与预警

实时监控预算执行情况是确保预算执行规范性和透明度的关键。信息系统通过设置预算预警指标和阈值,对预算执行过程进行实时监测。当预算执行情况偏离预算目标时,系统及时发出预警信号,提醒相关人员采取措施进行调整。通过实时监控和预警,行政事业单位能够及时发现预算执行中的问题,采取有效的措施加以解决,确保预算目标的顺利实现。

(三)成本控制与资产管理

1. 精细化费用管理

成本控制是行政事业单位提高资金使用效率、实现可持续发展的关键。信息系统实现了全面、准确的成本控制,帮助单位实现费用的精细化管理和节约。一方面,系统对各项费用进行详细的记录和分析,包括费用的发生时间、金额、用途、经办人等信息,使费用的流向清晰可见。另一方面,系统通过设置费用预算和费用标准,对费用的支出进行控制。当费用支出超过预算或标准时,系统自动进行拦截,防止费用的不合理支出。同时,系统还可以对费用进行趋势分析和对比分析,为管理层制定成本控制策略提供依据。

2. 全过程资产管理

资产管理是行政事业单位财务管理的重要组成部分。信息系统对资产进行全过程管理，包括采购、入库、领用、调拨、盘点和报废等环节。在资产采购环节，系统通过与采购系统的对接，实现了采购计划的制订、采购订单的生成和采购合同的签订等流程的信息化管理，提高了采购效率和透明度。在资产入库环节，系统对资产的规格、型号、数量等信息进行准确记录，建立了资产台账，实现了资产的动态管理。在资产领用和调拨环节，系统通过审批流程对资产的领用和调拨进行严格控制，确保资产的合理使用。在资产盘点环节，系统支持手持终端设备进行盘点，提高了盘点的准确性和效率。在资产报废环节，系统对资产的报废申请、审批和处理进行全程记录，确保资产报废的合规性。

（四）内部控制与风险防范

1. 规范化、科学化、自动化内控

内部控制是行政事业单位防范财务风险、保障资金安全的重要手段。信息系统实现了内部控制的规范化、科学化和自动化。一方面，系统通过预设的审批流程和权限控制，确保资金使用的合法性和安全性。例如，在费用报销环节，系统设置了严格的审批流程，报销申请需要经过经办人、部门负责人、财务负责人等多级审批，只有审批通过后才能进行报销支付。同时，系统根据不同的岗位和职责设置了不同的操作权限，防止越权操作和违规行为的发生。另一方面，系统通过流程的标准化和自动化，提高了内部控制的效率和效果。例如，在合同管理环节，系统实现了合同的起草、审核、签订、履行和归档等流程的自动化管理，减少了人为因素的干扰，提高了合同管理的规范性和安全性。

2. 实时监测与预警干预

信息系统提供实时监测和预警功能，对异常交易进行及时干预，防范财务风险。系统通过设置风险监测指标和模型，对单位的财务数据进行实时监测和分析，当发现异常交易或风险事件时，系统及时发出预警信号，并采取相应的干预措施。同时，系统还可以对风险事件进行记录和分析，为管理层制定风险应对策略提供依据。

第三节　信息化建设中的数据安全与风险管理

一、信息化建设中的数据安全策略

（一）强化安全制度建设

完善的制度是数据安全的基础保障。行政事业单位应制定涵盖数据访问控制、加密存储、传输安全等方面的制度。明确不同岗位人员对数据的访问权限，例如，普通财务人员只能访问自身业务范围内的数据，而高级管理人员可访问更全面的财务数据，但需经过严格的审批流程。同时，规定数据在存储和传输过程中必须进行加密处理,防止数据在传输过程中被窃取或篡改。此外,定期对制度进行审查和更新,以适应不断变化的安全环境和技术发展。

(二)提升技术防护水平

技术手段是数据安全的重要支撑,采用防火墙、入侵检测系统、加密技术等,构建多层次的防护体系。防火墙可阻止外部非法网络访问,入侵检测系统能实时监测网络中的异常行为,及时发现并阻止潜在的安全威胁。加密技术则对重要数据进行加密处理,即使数据被窃取,攻击者也无法轻易获取其中的内容。例如,对财务数据库中的敏感信息进行加密存储,确保数据的安全性。同时,定期对系统进行安全漏洞扫描和修复,及时更新安全补丁,防止黑客利用已知漏洞进行攻击。

(三)加强人员安全管理

人员是数据安全的关键因素。一方面,加强员工的安全意识培训,定期组织安全知识讲座和培训课程,让员工了解数据安全的重要性,掌握基本的安全操作技能。例如,教育员工不随意点击不明链接、不轻易透露账户密码等。另一方面,建立严格的权限管理制度,对员工的系统操作进行审计和监控,确保员工只能在其权限范围内进行操作。对于离职员工,及时收回其系统访问权限,防止数据泄露。

(四)确保数据备份与恢复

数据备份是应对数据丢失或损坏的有效措施,行政事业单位应建立定期的数据备份机制，对重要财务数据进行定期备份，并将备份数据存储在安全的地方，如异地数据中心。同时，定期进行数据恢复测试，确保在数据丢失或损坏时能够及时恢复数据，保证财务业务的正常运转。例如，每周进行一次全量备份，每天进行一次增量备份，并将备份数据存储在两个不同的地理位置，以防止因自然灾害等原因导致备份数据同时丢失。

二、信息化建设中的风险管理方法

（一）风险评估方法

1. 定性评估法

定性评估法在行政事业单位财务管理信息化建设风险评估中发挥着基础且关键的作用。采用问卷调查形式，精心设计具有针对性的问卷，面向熟悉信息化建设的各类人员发放。这些人员涵盖信息技术专业人员、财务人员以及参与信息化项目的管理人员等。问卷内容围绕风险发生可能性与影响程度设置，引导被调查者依据自身经验与认知，对风险做出主观判断，如在风险发生可能性方面，提供“极低”“低”“中”“高”“极高”等选项供其选择，影响程度也设置类似不同等级。同时，开展专家访谈活动，邀请在财务管理信息化领域具有深厚专业知识与丰富实践经验的专家参与。专家凭借其专业素养，对识别出的风险进行深入定性分析，准确判断风险性质。并基于行业经验，预测风险可能的发展趋势，为后续风险应对策略的制定提供方向性指引，使单位在风险管理初始阶段便能明确大致方向。

2. 定量评估法

定量评估法借助数学模型和统计方法，为行政事业单位财务管理信息化建设风险评估提供精准数据支撑。对于可获取相关数据的风险，积极收集历史故障数据，这些数据来源包括单位过往信息化建设项目记录、系统运维日志等。结合当前系统运行状况，如系统实时性能指标、资源占用情况等信息，以及单位资产价值等关键数据，运用先进的分析方法。故障树分析通过图形化展示风险事件与各相关因素之间的逻辑关系，从最终风险事件出发，层层追溯导致风险发生的直接和间接原因，从而计算出风险发生概率。蒙特卡罗模拟则通过多次随机模拟风险因素的变化，生成大量可能的结果，进而统计出风险可能造成的具体经济损失金额。通过定量评估得出的精确数据，为单位在进行风险应对决策时合理分配有限的风险管理资源提供科学依据，使风险管理更具针对性与高效性。

（二）风险应对方法

1. 风险规避

在行政事业单位财务管理信息化建设过程中，当面临发生可能性高且影响程度严重，超出单位自身承受能力的风险时，风险规避策略成为必要选择。这类风险一旦发生，可能对单位财务管理信息化建设乃至整体运营造成灾难性后果。例如，若采用一项全新且未经市场充分验证的财务管理信息化技术，经评估发现其存在极高的技术不稳定性风险，可能导致系统频繁崩溃，数据丢失，严重影响单位财务工作正常开展，且单位缺乏应对此类风险的技术能力与资源储备。此时，单位应果断放弃采用该技术，转而选择成熟、稳定的技术方案，从根源上避免高风险事件发生，确保财务管理信息化建设在可控范围内推进，保障单位财务运营安全。

2. 风险降低

在网络安全风险防控方面，大力加强网络防火墙建设，选用先进的防火墙设备，设置严格的访问控制规则，阻挡外部非法网络访问，降低黑客攻击风险。同时，定期开展系统漏洞扫描与修复工作，利用专业漏洞扫描工具，全面检测财务管理信息系统，及时发现并修复系统漏洞，从技术层面提升系统安全性。在项目进度风险应对上，优化项目管理流程，引入先进的项目管理方法，合理安排人力、物力等资源，明确各阶段任务时间节点，为项目增加适当缓冲时间，以应对可能出现的如技术难题攻克延迟、人员流动等导致的进度延误问题，确保项目按既定计划稳步推进，保障财务管理信息化建设有序开展。

3. 风险转移

在信息安全风险方面，购买信息安全保险是常见手段。单位向专业保险公司投保，一旦发生信息安全事故，如数据泄露、系统遭受恶意攻击等，依据保险合同约定，由保险公司承担部分经济损失，减轻单位自身经济负担。在信息化项目外包场景中，在与供应商签订的合同中，明确、详细地规定供应商对项目质量、进度等方面应承担的责任。若项目出现质量不达标或进度延误等问题，供应商需按照合同约定进行赔偿或采取补救措施，通过合同条款的约束，将部分项目风险转移给供应商，降低单位在项目实施过程中面临的风险压力。

4. 风险接受

对于发生可能性低且影响程度较小，处于单位可承受范围内的风险，行政事业单位选择风险接受策略。这类风险虽然存在，但在当前情况下对单位财务管理信息化建设影响轻微，不会干扰项目整体推进与单位财务运营。例如，偶尔出现的小范围系统卡顿现象，经评估不会对财务数据处理及业务流程造成实质性阻碍，单位可在日常运维过程中对其做好风险监控，持续关注卡顿现象是否频繁出现或影响程度是否扩大。一旦风险情况发生变化，如卡顿频率显著增加或影响到关键业务操作，单位应及时调整应对策略，采取如优化系统配置、升级硬件设备等措施，确保风险始终处于可控状态。

（三）风险监控与报告

运用信息化技术手段，搭建风险监控平台，实时采集系统运行数据、项目进度数据等与风险相关的关键信息。通过设定风险预警指标与阈值，当监测数据触及预警条件时，系统自动发出预警信号。定期生成风险报告，报告内容全面翔实，涵盖风险的变化趋势，包括风险发生可能性与影响程度的动态变化情况；应对措施的执行情况，详细说明各项风险应对措施是否按计划实施，实施效果如何。将风险报告及时呈递给管理层，使管理层能够及时、准确了解风险管理工作进展。管理层依据报告提供的信息，结合单位实际情况，对风险管理措施进行调整优化，如针对风险变化趋势，重新分配风险管理资源，对执行效果不佳的应对措施进行改进或更换，确保风险管理工作始终契合单位财务管理信息化建设需求，保障项目顺利推进。

参 考 文 献

[1]李慧霞.基本建设财务管理:以行政事业单位为例[M].北京:经济管理出版社,2022.

[2]陈卓珺.行政事业单位财务管理问题研究[M].北京:中国商务出版社,2023.

[3]宗文龙.事业单位财务管控[M].北京:经济管理出版社,2023.

[4]王利刚,许维,高西,等.行政事业单位会计核算知识问答[M].南京:河海大学出版社,2021.

[5]李海波,刘学华,袁淑辉.新编政府会计[M].上海:立信会计出版社,2020.

[6]武娟.高级财务管理[M].上海:立信会计出版社,2022.

[7]张荣兰.资产管理在事业单位经济管理中的作用[M].北京:中国原子能出版社,2020.

[8]李宝敏.现代事业单位财政税收与经济管理研究[M].北京:中国商业出版社,2021.

[9]张曾莲.政府与非营利组织会计[M].北京:机械工业出版社,2021.

[10]胡晓明.经营性国有资产集中统一监管研究[M].北京:中国财政经济出版社,2021.

[11]刘阳.高级财务管理[M].北京:北京理工大学出版社有

限责任公司,2021.

[12]张原,狄颖琦,林春涛.财务管理学[M].西安:西安交通大学出版社,2020.

[13]格仁其木格.财务管理实务[M].北京:经济科学出版社,2020.

[14]孙湛.现代财务管理[M].北京:清华大学出版社,2020.

[15]贾军华,李曙丽,许晓琳.会计理论与财务管理信息化[M].重庆:重庆出版社,2021.

[16]陶红.信息化财务管理实务[M].上海:立信会计出版社,2022.

[17]刘福同,邹建军,洪康隆.财务管理与风险控制[M].北京:中国商业出版社,2021.

[18]饶艳超.会计信息系统[M].北京:高等教育出版社,2020.

[19]郑保卫.财务数据治理实战[M].北京:清华大学出版社,2022.

[20]陈伟.大数据审计[M].北京:中国人民大学出版社,2021.

[21]齐明霞.Excel在会计与财务中的应用[M].北京:中国人民大学出版社,2021.

[22]黄国良.财务管理学[M].徐州:中国矿业大学出版社有限责任公司,2021.

[23]田高良,李留闯.高级财务管理[M].西安:西安交通大学出版社,2021.

[24]魏标文.财务管理实务[M].北京:高等教育出版

社,2021.
[25]李广林,韦妍兰,兰淑华. 事业单位会计与财务管理研究[M]. 北京:北京工业大学出版社,2022.